U0032013

忘了自己是動物的人類

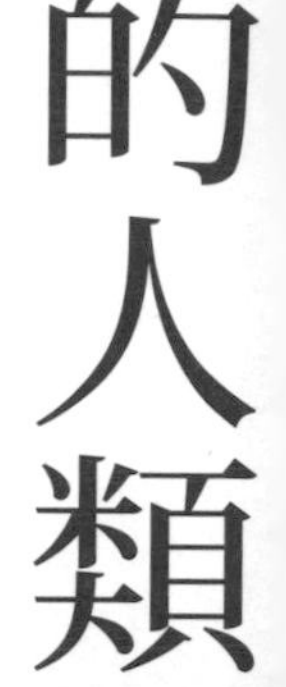

重思生命起源的歷史與身而為人的意義

HOW TO BE ANIMAL

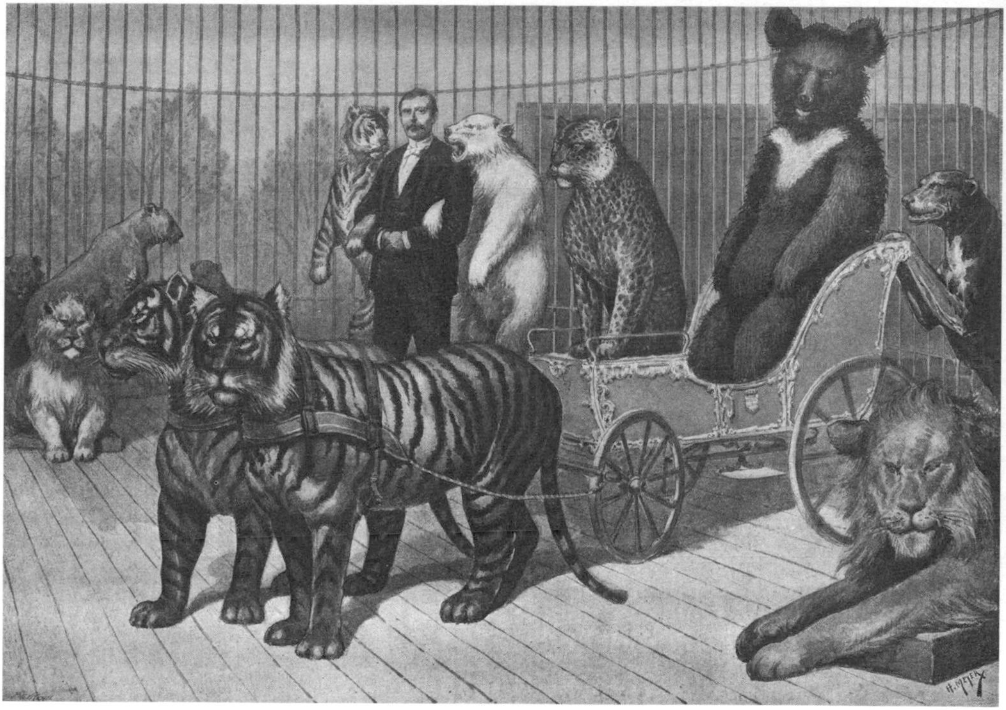

A New History
of What It Means To
Be Human

Melanie Challenger

梅蘭妮・查林傑——著

譯——陳岳辰

推薦序

直視身為動物的真相 看見其他的物種之美

黃宗慧

你上一次想起自己是動物，是什麼時候呢？是如同作者梅蘭妮・查林傑所觀察到的，大口吃肉的時候、躺在手術檯上的時候？還是想為自己找託詞，把某些行為歸因給動物性的時候？又或者，你已經很久沒有想起人類是動物這件事，甚至也不認為有想起的必要，因為即使人類是動物，也正如作者所引述的政治學學者喬治・凱特布（George Kateb）所言，人類是「唯一不僅僅是動物的物種」？面對眾多可能早已忘記人也是動物的讀者，《忘了自己是動物的人類：重思生命起源的歷史與身而為人的意義》這本書，挑明了就是要我們想起人類的動物身分。

這當然不是件容易的事，因為既然這種遺忘可說是某種佛洛伊德式的「不願記起」，那麼要讀者直視自己身為動物的真相，不免會引起焦慮。例如當作者為了翻轉「人類獨特論」，把人和蠕蟲類比時——「多數人心裡將蠕蟲當作院子裡有點噁心的生物，或者隨手挖得到的魚餌。可是人類這種略微類似沙漏的體型始於雙邊對稱，而這個特徵最早的證據就是六億年前的蠕蟲物種」——抗拒的反應恐怕會多於「原來如此」的了然？又如當她呼籲人類接受自己這動物的肉身終有一死的事實時，即使引述了生物學家伯恩．韓瑞希（Bernd Heinrich）頗為詩意的陳述——「每一具碳元素構成的身體彼此連結，最終分解為二氧化碳散開……構成一朵花、一棵樹的碳基都來自無數源頭，可能是一星期前非洲腐敗的大象，可能是石炭紀滅絕的某種蘇鐵花，也可能是上星期重新甦醒的北極罌粟」——人類恐怕還是很難把自己和生態系內其他物種一視同仁，從而認為「死亡是正常且必要的元素」，否則也不會有諸如超人類主義式的立場出現，期望人類能靠著科技發展駕馭自然、升級身體功能，乃至對抗死亡。

如果要人類記起自己的動物身分是如此吃力不討好的工作，作者為何還要知其不可為而為之呢？這是因為她看到了人類對動物身分的否認，造成了多少問題，而相當程度上，她相信只有當人類不再硬是靠著與動物切割來尋找「救贖」時，才能真正比較企近我們口中「身而為人」的狀態。誠然，這刻意的忘卻情有可原，而作者在書中也分析了箇中緣由，但她依然希望讀者能放棄長期以來我們用以自我保護與自我合理化的人類獨特論，因為她認為，這個主流觀點並沒有真能讓人類活得安心，反倒使我們深陷幻覺，例如以為只要與自然切割、強調人的生命意義有別於其他動物，自然界的危險就碰不到我們。又如對「非人」的偏見與想像甚至也加深了人類社會的彼此歧視，將異議者、非我族類都視為如動物般「心智情感能力有限的個體」。作者更指出，當否認人類是動物的意識形態與當今的生物工程碰撞時，這「鍊基因術」會讓人類與其他物種都付出相當的代價：亟欲擺脫動物的身體卻又不可得的處境，讓人類一面發展生物科技，一面又對「複製人與複製動物一樣可能」所暴露的，「我們不再是什麼奇蹟，只是同樣能被篩選改造的生物材料」感到焦慮不已；更不用說在人類抱著「我們這個物種不會滅絕」的心態，一再刷新極限地進行各種發展、實驗，以試圖逃離自身動物命運的過程中，將不斷地有大量的動物因為人類的作為而犧牲。

換句話說，作者對於「人也是動物」的強調，背後實有著強烈的動物關懷。她發現諸如「人類世界繽紛豐富，動物世界則蒼白乏味」、「人類有靈魂、有人性，不像其他動物，只是生化零件構成的機器」等想法，往往成為我們對於其他動物的受苦、甚至滅絕無動於衷的原因。這並不是說我們應該主張人與動物無異，或不能討論人獸之別；作者表示，聲稱人類有其不同於其他動物之處、有自己的特殊需求，原本並沒有什麼不對，但人類獨特論在今天顯然已經被無限上綱，作者不由得感慨，「從西叢鴉到寬吻海豚，許多生物有自己的文化或語言，為什麼人類視而不見？演化生物學家安德魯．懷騰（Andrew Whiten）解釋過其他動物如何透過社交學習減輕攝食壓力……紅毛猩猩母子採取觀摩法傳授如何用植物莖部誘捕白蟻維生，黑猩猩也會誘捕白蟻，甚至還有捐贈工具給部落中能力較差的晚輩這種利他行為。」眼見人類在肯定自己的獨特性時，似乎總是同時，很不必要地，否定其他物種的需求與獨特性，難怪作者忍不住頻頻提醒讀者，「人類不可能仗著特有天賦擺脫動物身分」。

有些人可能會懷疑，作者關於人類千方百計想區隔自身與動物之別的描述，乃至人對動物性與肉體抱持著恐懼與排斥的主張，是否言過其實？但其實這是人與動物關係研究長年關注的問題，也早已有不同的學者點出過此問題的嚴重性（書中曾簡單提及的哲學家德希達即是知名的例子）。而這種對動物身分的刻意遺忘與排斥，雖如作者所言，在現代社會的氛圍下益發嚴重，但就如歷史學家凱斯．托馬斯（Keith Thomas）在《人與自然世界》（*Man and the Natural World*）一書中所指出的，觀諸早期現代英國即可發現，只要人類行為動搖了人獸之間的疆界，就會引發焦慮：夜間行竊的罪之所以甚至比大白天搶劫還重，是因為如此形同趁著黑夜尋找獵物的動物；就像髮長過長被認為不合宜，也是因為會變得像是多毛的野獸。這些都可以說明，人類執著於強調「人獸有別」，確實由來以久。

當然，或許因為作者的立場明確而急切，試圖集結她在科學、哲學、心理學等各個面向得出的大量論證，來凸顯人類身為動物的事實，有些時候讀者可能不免較難從紛雜的資訊中理出頭緒，進入作者希望我們進入的狀況。而作者針對人文主義、後人類主義中的人類獨特論提出批判，或對人工智能的發展提出警語之際，論述也偶有較為「總體化」（totalization）之虞，但整體而言，她的許多提醒，依然是我們這個過於人類中心、過度崇尚理性與科技發展的社會所需要的。而她不時出現的，與一般定見逆反的「驚人之語」，也往往既帶點趣味，又蘊含著發人深省的意涵，例如這段「為海綿抱屈」的文字：

海綿沒有神經元，因為牠沒有腦和神經系統。的確，這種生理結構降低了行為複雜度。人類面對海綿的考量也與面對其他生物有很大不同。即使如此，海綿仍舊是大有可觀的物種，牠們如植物的身體內棲息著成千上萬其他動物。有些海綿在幽暗海床上生長長達兩百年，與世隔絕彷彿失落的神話。這種動物存在於地球約十億年，沒有太多天敵，挺過了人類帶來的汙染與紛擾，象徵生物的堅韌。我們有什麼資格說海綿沒有價值，只能作為刷背的工具？

又如，看見螞蟻花了三十分鐘拖著死去的蒼蠅穿越大片石子地回到巢穴時，作者先是以體積比例想像這好比「人類個體搬運寬吻海豚走在廣闊石林間」，再將螞蟻遭遇障礙時「懂得將蒼蠅先藏起來，偵察地形、確認路線以後再回頭將食物帶走」的過程，形容為費盡「史詩般」的努力。[1]這樣一位認真看待其他生命意義的作者，相信她的文字，將足以讓多一點人跟著她一起「回憶作為動物的可愛之處」，珍惜並接受這個動物身體帶來的體驗，同時，也看見其他的物種之美。

本文作者為國立台灣大學外文系教授

1. 這段關於「比小孩小指甲還小的生物在不起眼的礫石堆間一步步跨越難關，這件事本身就太了不起了」的描述，或許在有些人眼中只是對螞蟻濫情的歌頌，但作者的提問：螞蟻的行為「是本能，還是具有動態的智能？爭辯這個真的有意義嗎？」其實指向了「人類智性 vs. 動物本能」的二元對立迷思。針對本能與智性對立的批判，有興趣的讀者尚可參考哲學家柏格森（Henri Bergson）的《創造性演化》（*Creative Evolution*）一書，在其中他指出本能與智性其實是兩種不同的知識模式，前者是對事物的知識，後者是對關係的知識；前者是無意識的、會直接化為行動的，而後者是有意識的。本能與智性兩者其實仍有著重疊的可能，只是我們總是把看起來似乎不必學就知道的種種本能，視為必然比智性低下，而因為動物的行為多被詮釋為本能反應，也就被視為比人類低下。

目錄

第三章 心智內戰

稍微觀察自己，不難發現如果每個行為和流程都要意識介入，則人會寸步難行。無論意識真相為何，它不需要事必躬親，行為摻雜了無意識本能不代表意識是假的，就像意識存在不代表身體是假的。

第四章 自絕於世界之外

「構成一朵花、一棵樹的碳基都來自無數源頭，可能是一星期前非洲腐敗的大象，可能是石炭紀滅絕的某種蘇鐵花，也可能是上星期重新甦醒的北極罌粟。」只有人類不願意參與這場盛宴。

人類對自身的理解與救贖無法獨行，必然相隨。

——瑪麗・米雷 Mary Midgley

第一章
難以磨滅的印記

> 人類身上有種種高貴特質：擴及卑下者的惻隱之心，不限於同胞而能照顧弱勢生物的善意，足以解析太陽系天體構成和運動、媲美上帝的智力。即便如此，人類的肉體依舊留有低微出身的痕跡，那是難以磨滅的印記。
>
> ——查爾斯・達爾文 Charles Darwin

目前主宰這個世界的動物不認為自己是動物，塑造地球未來的動物不想當動物。這一點很重要。數百萬年前，直立行走的猿猴鑿下第一片石屑，時至今日歷史被交到了無毛靈長類的手中，此刻他們的科技已經能夠改造生命的最小單位。

如今人類的力量超越性擇和選配，成為演化背後最強大的動力。遺傳學和基因技術取得重大突破，於是我們能夠改寫包括自身在內各種動物的生命構成。我們創造出肝或腦含有人類細胞的囓齒動物。我們養殖了按照市場時程生長的鮭魚。科學家們還可以篡改DNA誘發致命突變，消滅一整個野生動物族群。

與此同時，生物界卻陷入危機。無論在海洋、森林、沙漠或平原裡，人類以外的物種數量以空前速度縮減。若以地質學術語形容，人類的破壞力好比冰河期，是一股巨大的改變能量。工業與都市的痕跡無孔不入，鑽進土壤裡、深海生物體內，甚至大氣層遙遠的粒子上。問題根源在於，我們尚未確定如何看待其他生命。這樣的猶豫部分來自疑惑：其他生命形態對我們有何意義？或者說，究竟有沒有意義？

無與倫比的人類心智

多數人類傾向支持同樣一個結論：我們是生物界的特例。幾千年來，人類並不將自己視為動物。我們認為人有獨特的價值，或許是理智，也或許是意識。宗教圈說因為人有靈魂，所以不是禽獸。至於主張擺脫迷信的世俗意識形態，如人文主義，其思維依舊局限於物種，彷彿人和其他動物之間自然而然就有條神奇的界線。

這種觀念本來就充滿問題，只是近幾個世紀越來越棘手。多數人的行為根據是直覺或社會規則，理所當然將人類置於其他生物之上。然而一旦我們試圖抽離

動物層面，視自己為「概念上的人」、一種道德載體或者靈魂體，就會走向極端，誤以為人類身上有某種非生物要素極其重要或代表至善。由此出發，我們追求永生、強化心智，或成為如機械般的存在。

話雖如此，不代表我們與其他生物之間不存在明確的差異。人類意識與環境的互動令人屏息，在演化上獨樹一幟：我們能夠討論抽象概念，也能夠在在石頭上刻出自己的形象，還能欣賞椋鳥鳴囀的美妙，我們的體驗似乎超越肉體感官的總和。人類自孩提時代就具備身分認同與多彩記憶，在生存與繁衍的過程中展現出大量的技藝和知識，包括幻想與欺騙、控制特定慾望、想像未來等等特殊的心智能力，同時也會將各種感官、情緒、內在敘事以及壓抑的衝動糅合為夢想與期待。人類心智是無與倫比的自然現象，包含主觀意識在內的各種智能不僅豐富生命體驗，也創造出原本不可能的行為彈性，尤其反映在人與人之間的互動。

因此，毫不意外的，人類的歷史大半宣揚一種價值觀，認為我們的體驗有其意義與價值，超越其他動物僵化的生命形態。我們身上一定有什麼地方與單純的動物不同吧？不過也有人認為，若除卻文化這層外衣，我們與地球上其他生物沒有明顯差異，都是靠肢體的活動與反應獲取能量以維持存續。許多文藝作品試圖傳遞這個觀念，營造人類形象面對大自然的無力感。儘管如此，大眾心底依舊認為人類個體因其覺知潛能，相較於太陽系至今所知的任何生物，我們顯得如此不同，與周遭一切判然有別令人振奮，獨特性顯而易見。

先祖們在岩石上畫下的自身形象是「獸與人」[1]，部分獸、部分神（god）。動物的身軀導致我們會流血也會老化，但智能與自我覺知，也就是在靈性層面上，我們與萬物不一樣。喬治・凱特布（George Kateb）在其著作中提到，人類是

1.譯按：原文 therianthrope，為希臘字根 theríon（野獸）和 anthrōpos（人）的組合。

「唯一不僅僅是動物的物種，也是唯一有非自然部分的物種」。這種觀念無所不在：我們相擁時是動物，嬰兒血淋淋從母親體內出生時是動物，但我們立下誓言的時候則否。我們大口吃肉大口喝酒時是動物，但認真工作時則否。躺在手術檯上的人是動物，高談正義的人則否。我們從小就被灌輸這種人類與動物有別的觀念，這是我們生命意義的救贖，也構成我們居住世界的基礎。人類被擺在生物階級的最高位，從而大眾印象是人類世界繽紛豐富，動物世界則蒼白乏味。由此開啟了人類繁榮是至善的世界觀。

人類即動物

當然，反向思考並非不可能，導出的另一種觀點是：人類即動物，沒有特殊的起源與意義，甚至因為實在太過貪婪，消失了或許對地球更好。但鮮少有人依循這種觀點而活。換句話說，人們往往選擇遵從既存的意義體系或行為規範，無論好壞。

原本糾結可以到此為止，可是我們始終耿耿於懷。許多最稀鬆平常的觀念奠基於否定自身的有機體特質，意識覺知導致我們難以接受動物生活的許多現實面。動物會因為無法預測的事故而受苦和死亡。動物與自然萬物息息相關，從橡樹到水母皆然，隨之而來的是疾病、創傷、生理變化；對人類來說，還多了道德不確定性。於是我們覺得必須將喜愛與珍視的事物抽離這未開化的領域。作為動物太令人困惑不安，輕可謂顏面有損，重則危及性命。

然而歷史又給了人類希望，讓我們相信自己與地球其他生命不同，人類因其本質能逃脫動物的宿命。其他動物受苦滅絕，我們卻會走向不同道路，盡頭或許是天堂，或許是光輝燦爛的明日，又或許是機械未來。人會超越動物身軀，甚至超越有機體這個更上層的分類。人的重要性不受自然界以及我們恐懼又無法掌控的因素影響。這種想法導致難以解釋的選擇性記憶：為了使自己相信人類和其他有機體之間存在真實明確的界線，我們落入一種無法化解的矛盾焦慮。

所以人類作為動物出現了許多怪異現象。多數人面對混亂世界不禁生出一抹焦慮。我們在乎的許多東西，像是伴侶關係、戀愛時的怦然心動、懷孕與分娩、迎來春天的愉悅、進食的快感，這些都是生理反應，大半源於本能，展現人類的動物面。而我們極力逃避受苦、羞辱、寂寞、疼痛、疾病、死亡等等，這種需求與其他有機體亦無二致。也就是說，人類的體驗有生理性與動物性的層面，也有自我意志與幻想創作這種心智層面。哪個更真實？對我們而言，難題就在於兩者都不那麼有道理。人類社會的生活經驗經過層層包裹，致使我們認為自己脫離了身為動物的殘酷，但這完全悖離現實。人或許可以分為生理和心理的部分，但我們的心理終究是動物心理，無法與產生意識的身體脫離。也就是說，人類不可能仗著特有天賦擺脫動物身分。

我們只是躲在一層看不見的防護膜後面，隨時有個閃失就會跌出去。睜開眼睛才能面對真相：人類是具有思考與感受的一團物質能量，被裝在珍貴的身體裡，這副軀體無論冷了或戀愛了都會有感覺；作為有機物質與生物電的混合體，人類會受傷、會被獵食，也會消散並回歸宇宙。身為人類就是身為動物，雖然這是真理，但與我們從小到大所受的教育相衝突，所以很難接受。

目前這個世代稍有不同。我們擁有的許多知識直到近代之前都曾被視為褻瀆，例如地球不是宇宙的中心、人類不是生物界的中心。我們是意識到自己身為動物的動物，生命無法與時間和能量流動分割。人類是地球生命體系的一環，而非凌駕其上的特例。

若人類始終維持小聚落形態居住在非洲大草原上，累積的知識或許不會造成過大衝擊。但如今工業和科技進展導致人類不僅與自身的動物天性產生隔閡，甚至對身體採取醫療化的觀點，視生理現象為機能失調。結果就是我們對自己所處的狀態感到震驚：原來人類身體這麼脆弱，這麼容易受慾望與疾病影響。於是我們投注數百萬費用延緩老化，花更多錢對抗疾病，甚至意圖將生育這檔事從臥室和母親子宮移到別處。

工業革命來到現階段，為了追求人類福祉，焦點已經轉向生命工程。這個轉折格外具有意義。當科技將目標放在人類生理，不啻時時提醒我們自己身為動物的事實。但對不想當動物的人而言，這裡出現了另一個問題。技術革命的基礎在於解剖學、生理學、行為科學，這些學門的知識又建立在針對所有生物的研究。這一點與人類心理之間存在扞格，也衍生出風險——我們害怕淪為動物，於是否決想像中更可怕的新世界。那個世界之所以可怕，並非因為生活困頓或暴力混亂，而是因為人類必須依賴特定科技，偏偏那種科技加劇了存在的恐懼。

面對不願接受的事實，常見的反應就是在自身與環境之間築起更高的牆。區隔將以什麼形式呈現尚是未定之天，其中一條路是更積極排除其他動物，或者強逼牠們脫離原始狀態接受馴化；較簡單的做法則是繼續鑽研人類獨特性，手段包括將自身改造為超人，或建構使人安心的思想體系；但還有最後一種可能，是放棄人類獨特性。或許有人覺得這些做法都太極端，然而仔細看看社會現況，會發現這三種路線早已有人涉足探索。

當然，人類對身為動物這件事感到不安，很容易被認為是現代文明的產物或哲學家的偏狹之見。畢竟美國原住民族群拉科塔（Lakota）的禱詞 *Mitakuye Oyas'iŋ*（經常被譯作「我們都是有關聯的」），迥異於羅馬天主教教義所說的人是神的形象（*Imago Dei*）。有些文化尤其強調人類獨特性。有鑑於此，本書描述大多指涉這些文化的觀念。然而對於身為動物的抗拒，不只是文化虛構。我們的觀念是根據人類天性而形塑。今日有人說根本沒有所謂人類天性，這句話對也不對。世上很多事之所以能夠成立，是因為我們是相似度足夠被視為同類的群體動物。我們對自身的觀點很重要，也深受共同的生物與心理特徵所影響。這些多元意識形態是為了解決人身為動物的一些麻煩事。所謂的麻煩不只是演化的歷史。我們是會思考自身境況的動物。不論什麼時代和文化，人身為動物都是潛在問題。生活在大千世界，我們就是得面對這樣的煩惱和矛盾。

本書旨在為「身為動物」一事辯護。話雖如此，內容並非主張看輕人類地位、對人類獨有的特徵視若無睹，也不想落入對人類而言如何才「自然」的爭論，而是希望探究人類如何思考「活著」這件事。動物起源書寫了我們在這個世界尋求定位、為生命賦予意義的故事，若否定人類是動物則一切皆無可能。這件事看來簡單，實則複雜，因為我們長期活在矛盾下，身為動物的事實就在眼前，大家心底卻有個聲音不願相信。理解與化解這個矛盾非常重要，先接受我們是動物，才能從這個現實獲得進一步的領悟。

一九八〇年，高爾威・金內爾（Galway Kinnell）在詩作[2]中描寫生物為了維持其獨特形態，必須先對己身有愛。換個角度看，這其實是生命體的生存法則。他同時察覺，「偶有必要／重新體悟自身之美」，並嘗試描繪人類是怎樣的一種存在。但其意涵不僅於此。它也是一份邀請，要我們回憶作為動物的可愛之處。

2.譯按：詩名 Saint Francis and the Sow。

第二章
人因夢想而偉大

然而人類為了追逐自身的偉大和權力，踏上窮凶極惡、喪心病狂的黑暗之路，難道不是盲目的嗎？探求真理終究有何意義？

——約瑟夫．康拉德 Joseph Conrad

向上墜落

生命體演進是個漫長的過程，人類作為其中一小部分，與周遭所見萬事萬物息息相關。「從如此簡單的開端，」達爾文在《物種起源》（*On the Origin of Species*）結尾說道：「演化出無數至極美好又奇妙的形體，這個過程仍在持續進行。」第一批有生命的細胞如何出現在地球早期歷史？目前沒有確切答案。當時世界是一片礦物構成的崎嶇地形，連為天地增添色彩的花草都還不存在，遑論如飢餓這種本能或判斷是非的智慧。若站在那片濃煙之地，承受無數小行星撞擊，恐怕難以想像生命如何得以誕生。然而深海熱泉的溫度、地表煙霧未散的淺塘中，因為能量蓄積和流動，原始細胞開始攪動與聚集。

「生命說穿了就是能量運作反應的副產品，」生物化學家尼克・萊恩（Nick Lane）如是說。一九四三年，歷史上最慘烈的戰事快結束之際，奧地利物理學家埃爾溫・薛丁格（Erwin Schrödinger）在史達林格勒（Stalingrad）[1]發表一系列公開講座，其中提到生命物質似乎傾向避免「快速衰敗到無活性的『平衡』狀態」。無論這類化學現象在我們認知裡是多是少，總之可以作為區隔生命體和非生命體的一個指標。

原始細胞與我們現在瞭解的生命體相同，為了維持存續必須從環境中汲取能量；不過前者取自海底熱泉含有大量鉬元素的水，後者可能取自其他動物細胞。地球上所有已知生命形態都遵守基本的生物化學機制。此外，生命體具有傳承性，波光粼粼的海浪和生物體一樣需要能量才能維持形態，但我們能夠分辨海浪和生物的不同，因為只有生物會製造出相仿的下一代。從大腸桿菌到大象，最初的一個細胞分裂繁衍化作無數新生命。地球上所有生物細胞都藉由去氧核糖核酸（DNA）儲存遺傳情報，也都有透過核糖核酸（RNA）催動的化學反應。

科學家推測，超過三十億年前，原始細胞演化為地球最早的細菌。遠在動物

1.譯按：一九六一年已改名為伏爾加格勒（Volgograd）。

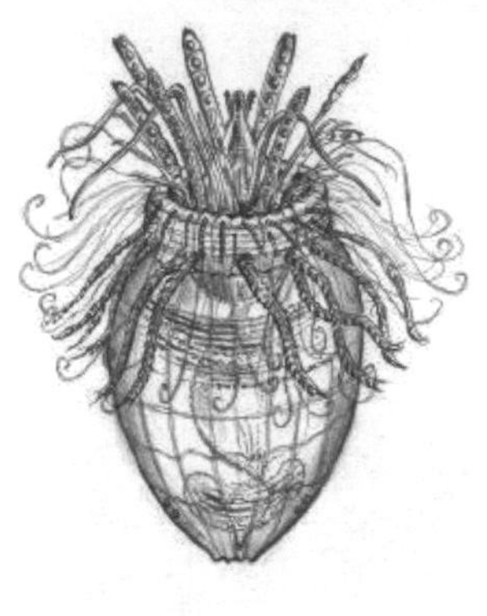

可以靠肉眼看清世界前，大海已是細菌統治的王國。後來演化再度顯現奇蹟，包覆海中岩柱的一叢叢藍色生物改造這顆星球——藍菌（cyanobacteria，舊稱藍綠藻）直接在生命週期中吸收陽光能量，因此排出了氧氣。藍菌族群壯大創造出新的可能性，也就是行光合作用的植物，還有如我們以肺呼吸的哺乳類動物。不過新環境對另外一些生物構成限制，例如幾年前才在地中海找到學名為 *Spinoloricus cinziae* 的漂亮生物，牠們適應的是完全無氧的狀態。

一九六七年，美國生物學家琳・馬古利斯（Lynn Margulis）的論文提出新觀念，主張動植物與最古老的細菌有明顯差異，起源於稱為內共生（endosymbiosis）的演化事件。在內共生的過程中，一個細胞吞下另一個細胞，但沒有將其消化。最初馬古利斯這套理論受到學界強烈排斥，歷經超過十年遺傳學研究才奠定了內共生學說的正統地位，證據主要是動物細胞內的粒線體以及植物的葉綠體，兩者都有自己的 DNA、獨立的細胞分裂。粒線體其實是由祖先吞食的細菌演變而來，它們會吸收養分轉換為能量提供出來。

再次想像：黑煙瀰漫、了無生機的地球上，時間快轉來到大約五千萬年前的寒武紀（Cambrian era）——動物終於出現了，深海裡有外形華麗的奇蝦（anomalocaridid），牠們以兩隻蜷曲的前肢將其他生物撈進嘴巴進食。這時期的化石開始有了動物分類學上大多數的「門」（phyla），之後則是更大規模的分化。之所以出現生物種類爆炸，一派理論認為原因是當時獲氧不受限制，此外新研究又發現水中鈣濃度大幅增加，最後一種假設則著眼於掠食者與獵物之間是否發生武力競賽、視力的演化等等，沒有人能完全肯定。

我們在伯吉斯頁岩（Burgess Shale）[2]挖出各式各樣化石，透過礦化骨骼觀察物種的雌雄分別、獵者與獵物肢體的鉤爪後，更加明白自己處於巨大的能量互動體系。在其中，生命與環境之間的常態就是生存、改變、死亡。生物可以短暫抵抗，但其宿命無法改變。

NASA科學家麥可・羅素（Michael Russell）辦公室牆壁上有一幅美麗的《神奈川沖浪裡》（*The Great Wave off Kanagawa*）複製畫。他曾經提醒我切勿忘

2.譯按：又譯博捷斯頁岩，位於加拿大西北英屬哥倫比亞境內的落磯山脈。

記生命就是「製造熵」（entropy generator）。換言之，生命體從環境取得能量，降低自身內部的熵，轉換為熱能排出，給環境帶來更大的熵。「熵」的高低等同系統內部粒子的能量散亂程度。不懂物理學的人不易理解這個理論，歌手保羅．賽門（Paul Simon）幫了大忙。一九七二年，他的熱門歌曲裡有一段詞這麼說：「此刻相聚／終將分離……」或者想像一杯調酒琴通寧（Gin Tonic），水構成的冰塊相較於周圍酒精液體是較低的熵；琴酒的部分原子自由活動，隨杯子變化為不同形狀，冰塊的原子就無法任意改變排列，必須等能量以熱能形態發散後才失去固定形態。

生命體之所以能保持有序外形，概念上就是經由獲取和利用能量維持暫時的低熵。從物理學角度分析，若環境中存在足夠的動物，以牠們為食是十分合理的選項。為了反駁反演化論者的錯誤觀念，生物學家亞歷山大．薛博（Alexander Schreiber）曾經寫下一篇有趣論文，其中簡潔有力總結了動物與環境之間交換能量和廢棄物的過程：「生物保持低熵的辦法就是『吃進』免錢的能量，『拉屎』的時候順便排出熵。」身體的管控機制需要能量，失序部分必須經由排洩與排遺送到體外。羅素甚至懷疑意識可能也是「運用多餘能量」而產生。

另一方面，近期有物理學家傑里米．英格蘭（Jeremy England）提出主張，認為生命體的繁衍其實是「排出（能量）的好方法」。他的理論是基於熱力學第二定律，認為熵增加原理有可能導致物質以類似生命體的形態組織起來。若其理論得到證實，代表生物與非生物之間有個共通過程，雪豹和雪花有超越我們理解的相似性。「讓人不禁猜想，自然界裡有多少現象的本質，其實是為了對抗能量消散而形成結構。」

地球上的生命體大致可以分為自營（autotroph）與異營（heterotroph）兩大類。自營性生物從陽光或化學反應取得能量，異營則從其他生物獲取能量。人類獨特之處是使用能量越來越多，卻始終沒必要進化為新物種，而是採用社會學習、複雜文化與科技發展這些過程。我們不需要像異特龍長出利爪，而是透過共享資訊，進而製造飛彈、興建發電廠。簡言之，人類不改變身體構造，而是改造工具。幾萬到幾十萬年前，我們靠火和長矛解決問題，接著畜牧技術保障了食物來源，再來一次大跳躍就是工業革命的自動化生產，人類開始從地底挖掘自古蓄積的有機能源加以燃燒利用。

人類經過漫長歷史才達到十億人口，但第一次工業革命之後不久，全球人口就增加逾百分之五十。一九二〇年之前，農產量每百年才倍增，但一九二〇以後，大約每十年就翻倍一次。二十世紀後半，每十到十五年人口就成長十億。其他生物擴大族群的主要障礙是競爭，對象包括獵食者與寄生生物。然而人類人口增加的結果卻是科學興盛，過去百年內還開發了各式各樣延長壽命、抵禦疾病等等克服生存威脅的手段。歷史學家因此給這段期間取了一個外號叫「大加速時代」(Great Acceleration)，從抗生素到基因改造都是此時問世。

人口增加後需求跟著增加，人類對自然系統的影響隨之暴漲。這個因果關係已是常識。對此，目前社會上大致可分為幾種態度：悲觀主義者認為系統崩潰只是時間問題；樂觀主義者相信系統最後會穩定下來，人類理性足以開創永續世界；未來主義者另闢蹊徑，投注資源意欲逃離舊世界。對應到現實，有人不斷示警，有人開發潔淨能源，有人研究移民火星。這是人類社會的現況。

能夠肯定的是，地球的確會在未來某個時間點回到無生機的狀態。倘若我們能隨地球入夢，會看見大滅絕不只發生一次，原因多半是彗星與小行星的撞擊、地軸偏移導致冰河期，然而隨後彷彿嘉年華狂歡般湧出下一世代的生命體。這個循環並非永無止境，無論生物基因與結構如何變化，最終會被億萬年後的太陽輻射超越，屆時光合作用不再可能。從北蘇格蘭萊尼燧石層（Rhynie chert）發現的古代植物古維管植物（*Nothia aphylla*）開始，越來越多植物無法存活，最後會完全不剩。失去植物，其他生命體難以苟活。人類時常輕視或忽略植物，但多細胞生物的存在基礎是植物。沒有植物，我們絕對會滅亡。

岩漿在地核內轉動對流、攪動翻騰，為人類帶來鐵器時代與大家手上的硬幣。但從此刻算起，數十億年後，岩漿將無法推動地球磁場。磁場默默保護著生物，失去磁場的地球將被太陽風直擊，大氣層再也沒有晴朗夏日或清爽秋風，連海洋也會蒸發。被戲稱為「細菌界蠻王」的抗輻射奇異球菌（Deinococcus radiodurans）能夠忍受各種惡劣環境，或許能在沒有磁場的地球倖存片刻。可是最後地球會直接熔化，終究沒有生命能逃過死劫。

人類的「特別」

時至今日，仍舊沒有誰真正明白人類為何會出現，也無法解開宇宙存在的奧祕。我們學到的是生命以及使生命顯現的力量有時很棘手，甚至可謂災難。其實可以說，生命源於暴力，形式為能量或極端溫度。太陽系與地球自身環境都能對動物造成可怕後果，但同時也帶來多元和改變。大小與村落相仿的希克蘇魯伯隕石坑（Chicxulub crater）[3]短暫造成生物多樣性驟減，卻也因此開闢了新物種的生存空間，人類也趁機崛起。那顆小行星對於被滅絕的物種來說是場災厄，對人類則是神來一筆。

人類為自己建立起一套是非對錯的標準，以自身喜好與經驗進行價值判斷，很少有人想要打破既定規範。但仔細觀察我們生存的世界，會發現人類的存在及行為未必如想像般重要：樹影搖曳，葉子上其實沾滿黴菌，附近還有隻鳥兒啄碎蝸牛殼，挑出裡面軟肉當食物。我們賦予生命意義並試圖尋求解答，幻想世界上有某種根源性的善，結果卻遭遇病毒、細菌、害蟲與猛獸——自然不斷挑戰我們

3.譯按：位於墨西哥猶加敦半島的撞擊隕石坑。

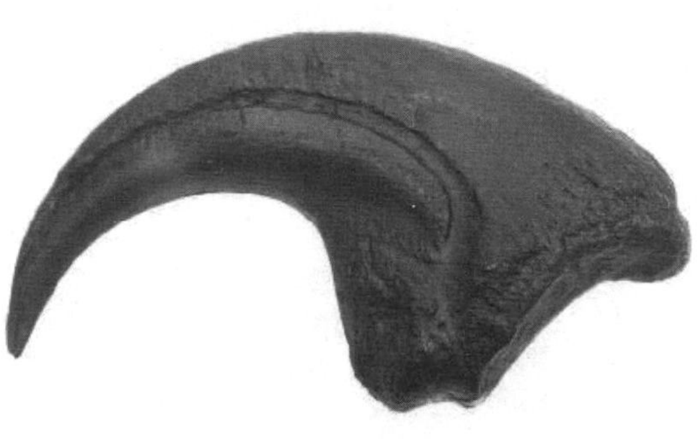

的底線，各種現象就主觀標準來看有好有壞，但人類在其中有何重要性？

我們從體驗中得到強烈的情緒感受，但感受的原料還是眼前的現實世界。人們覺得枝柳輕舞是一種美，鳥類肉質也是種鮮美。我們產生的感覺來自現實世界的事件與過程，它們本身不在乎也無關乎人類認知的善惡好壞。無論你喜不喜歡、承不承認，我們覺得重要的一切都來自這個世界，但世界從未展現明確的道德意識。

去年夏天，我去猶他州參觀了一處挖掘現場，恐龍骨骼散落河床，牠們曾經在此晃蕩、尋求食物與機會。當恐龍不再只是博物館裡的展示品，帶來的心理震撼可不小。古生物學家從土裡緩緩刮出的股骨，直立起來比我家小孩還高。巨大的不僅是腿，出土的牙與爪也十足令人膽寒。我當下暗忖，一切皆源於對能量的需求。

我們離開前，協助導覽的年輕人指著附近地面上的黑色紋路。「還不完全肯定，」他解釋：「但這些或許是早期哺乳類留下的痕跡。」我和丈夫瞇起眼睛盯著火山渣岩，上面有些孔洞，或許曾在裡頭生活的夜行性小食蟲動物演化出恆溫與泌乳，後來傳承給人類。

能量排列導致物質世界變動，或許有利於暴龍之類的強大掠食者，也或許幫助到了螞蟻之類的超有機體。無論如何發展，我們無法從中看到上下之分或至善至美。演化過程有多少樂就有多少苦，有多少溫柔就有多少殘酷。相較於豢養的生物，野生環境下的生存繁衍競賽更激烈，獵者與獵物不斷彼此超越，以能力或行為將對手逼入絕境。赤裸裸的現實中，動物新生兒絕大多數無法活到一歲生日。於是演化過程中，母鮭魚理所當然對每窩魚卵沒有多餘情感，畢竟其中僅有百分之二能孵化長大。五百顆卵只有十顆會化作成熟的下一代，其餘四百九十顆的命運別知道也罷——大半進入其他生物、甚至同族的肚子裡，一部分則到了人類餐桌的布利尼[4]上。

4.譯按：blinis，類似可麗餅的點心。

話雖如此，掠食者造成的痛苦和死亡卻是生態系的支柱之一，因為自然界物種就是如此豐富多變。掠食行為廣見於龐大而紛亂的自然系統，難以只論單一動物或其結果。掠食對許多現象造成影響，從動物族群的疾病動力學到碳截存（sequestration of carbon）[5]都牽扯在內。掠食者扮演關鍵角色的經典案例是一九九五年黃石公園重新引進狼群，牠們引發的效應如滾雪球般至今延續不斷。[6]那個區域原本的狼群在一九三〇年代被人類以陷阱滅絕。少了狼群之後，當地的馬鹿（elk）大量繁殖。後來狼群回歸，馬鹿開始遷徙，被馬鹿過度取食的柳樹逐漸復原，轉而提供河狸養分。河狸族群的成長改變溪流生態，最終創造魚類和鳴禽的棲息地。此外，狼群捕殺獵物，間接提供食物給食腐動物，如渡鴉或灰熊。若以生物多樣性為判斷基準，狼群有其必要性且具正面意義。然而，站在其他動物的角度，怎麼可能稱頌掠食行為？黎安娜・贊涅特（Liana Zanette）和麥可・柯林奇（Michael Clinchy）的研究顯示：一旦獵物遭遇獵食者，身體會開啟恐懼迴路，過了幾週依然能夠測量得到。被獵捕的經驗嚴重影響動物個體的身心狀態。

5.譯按：指將二氧化碳以各種形態儲存起來，自然界主要的碳截存者是海洋、植物與其他行光合作用的有機生物，以生物機能吸收二氧化碳。

6.譯按：黃石公園引入僅僅十四隻狼即改善整個生態系是美國一度風行的說法，然而近年許多學者及媒體對此提出質疑與分析，認為同一時間環境出現太多變因、狼群數量與活動範圍相對太小、狼群實際上無能力捕殺年輕馬鹿，結論傾向認為這是宣揚保育的好「故事」，並非生態演變的「真相」。

地球所有生物都活在相同邏輯中，人類並非例外。我們的各種基礎活動與其他動物差別不大，例如頻繁殺害與食用其他生物以獲取能量、以屎尿形式將廢棄物排到體外、經由嗅覺接收化學訊號並做出回應，以及族群成員會溝通、求偶、養育子嗣，直到某一天被某個事件中斷生命活動，肉體跟著衰亡腐敗，被微生物分解消散。不只終點與其他動物相同，起點也一樣，人類的身體和經驗都是地球生命樣貌的一部分，生存機制與策略有所謂惡，也有所謂善。整體來看，人類和其他掠食者一樣帶來痛苦，而我們自己也要承受痛苦。

許多人誤以為演化有固定方向，不過看看多細胞形態的動植物和菌類，歷史上許多演化不乏退回單細胞的案例，菌類尤其如是。多細胞形態成因的一種假設是不同單細胞物種合作而來，這是很誘人的觀點。然而，另一種可能性是單細胞生物分裂途中出錯，沒有變成各自獨立的組織。此外，病毒扮演的角色難以確認。現在大家視病毒為疾病的根源，卻有證據指向某些病毒帶來改變，導致不同細胞分化為動物身體的不同組織與器官。追根究柢：生命進程並非直線，我們主觀認定的「好」或「進步」並不真實存在。

原本這是很難接受的想法，所幸人類還有可能自詡「特別」——地球生物太過可悲，但我們與牠們之間有非常重要的區別。大家說這個差異來自人性，與生俱來，看不見摸不著，可是人類因此成為地球上最重要的生命形態。對於深信造物主的人而言，我們有靈魂，靈魂有別於肉體。對於世俗人文思想家而言，靈魂或許就是心智能力，也是人類大腦所獨有。基於這個理由，人類並不真的是動物，至少在關鍵層面上不同。

種種思考和爭辯自古有之。以前有群哲學家和作家被統稱為機械論者，他們認為靈魂控制心智，以某種方式附著在類似機械運作的肉體上。機械論（mechanism）的對立者之一是泛靈論（animism），在後者眼中所有生命皆有靈；對立者之二名為生機論（vitalism），主張生命自有一種特殊能量，因此得以活動變化。

相信超自然力量創造人類的論述者主張：「人的本質並非動物，而是根據神的形象所造。」這是人類尊嚴國際委員會（International Committee on Human Dignity）列入規章的句子。人文主義誕生自歐洲文藝復興時期，卻同樣表示人之所以為人，便不是原始的有機體，而是如康德所言「高於地上其他生物」。康德只是無數持類似論調者之一。美國哲學家埃里克．奧森（Eric T. Olson）是「動物主義」（animalism）的著名擁護者，立場自然也就與前述不同，他認為：「這些哲學家的意思是說人類明明不是動物，卻又在許多地方和動物沒兩樣。」

人類獨特的論調或類似觀點保障了無數人內心寧靜。無論稱為靈魂或採用其他名詞，社會以此為由將人類拉出混亂難解的自然世界，免於大自然的非道德特性。不同時代、不同地區的說法略有差異，但最終都導向人類有某種超越性並因而得救。由此觀之，關於人類獨特性質的論述，與其說是理性思考的結論，反而更像是心理層次的需求。

另一方面，有些人反對西方民主內含的個人主義，進而過度美化其他文化裡人與動物的關係。人類社會當然不會只有一種觀點，某些泛靈論流派將植物和其他動物當作人來看待，可是這些非主流時至今日依舊面對壓力與迫害，儘管他們的思想、認知與行動有其深度卻往往被棄之不顧。反過來說，即使許多非西方主流傳統視人類與動物屬同一靈性領域，譬如經歷許多內部鬥爭也曾經食肉的佛教，直到現在也不認為投胎成畜生是好事。還有很多人將素食與印度教做連結，但現實不如想像美好：印度八成人口是印度教徒，只有大約兩成為素食者。而且印度教並不認為其他動物與人類具備同等靈性價值，《鷓鴣氏奧義書》中濕婆神明確指出人類有其獨特性，能夠基於知識採取行動。[7]

隨著經濟與人口的連結日益深化，關於人類生命的某些論述已經成為共識。全球各地都接觸到相同概念，相信人類不僅擁有人性尊嚴，也應該依此前提對行為做出規範。南非法官凱特・奧里根（Kate O'Regan）針對死刑探討指標性的「馬寬雅尼案」（*State v Makwanyane*）時表示，「承認尊嚴權，就是認同人類與生俱來的價值。」二次大戰死者還在返鄉安葬途中，歐洲各國已經將人性尊嚴寫進國家精神和法律文件中。一九四九年，德國基本法明確表達「人之尊嚴不可侵犯」。

這種觀念源遠流長。德語中 *Die Würde* 含義接近英語 worth（價值）。尊嚴則是從古羅馬開始的概念，最初意指男性在生涯中累積出來的人格、地位、技藝等等；女性身上則沒有這種東西。一如 value（價值、價值觀）在英語其實混雜了

7.譯按：佛教部分，作者應當是指六道輪迴（也有五道輪迴說），畜生道為三惡道之一。印度教同樣有轉生觀念，且一般認為人類高於其他動物。需注意的是：佛教和印度教概念中，畜生只是「眾生」的形態流轉，換言之並不區隔人與其他動物的「本質」（佛教所謂佛性）或「靈魂」（印度教的「自我」atman）孰優孰劣，眾生的本質或靈魂相同，只是形態與境遇的變化。

名譽與節操，尊嚴其實也會連結到個人地位。作為古法語，*value* 是十八世紀的繪畫評論用詞，後來數百萬歐洲青年在法國和比利時廢墟被炸飛時，才進入現代語彙。

至於 worth 作為獨特、與生俱來的先天價值，概念要回歸到古英語中的 manworth，也就是一個人被殺害時凶手必須支付給領主的價格。這個字最早出現在赫洛斯赫爾（Hloðhaere）和埃德里克（Eadric）的律法[8]內，指涉的賠償金額不僅明確到各個肢體部位，也將死者的社會地位列入計算，例如大鄉紳（thane）等級貴族價值為一千兩百先令，不具貴族身分的最低階自由民（ceorl）僅僅兩百先令，僕役價格則少得可憐，甚至不計價。每當論及價值或重要性，人類社會很難徹底抽離權力、財富和尊卑。

但真正問題點來自人類尊嚴這個概念擴及全球，卻根本無法傳遞所謂的善。事實非常殘酷：人類大幅度破壞自己居住的世界。根據世界衛生組織判斷，每年約有七百萬件過早死亡（premature death）與空氣汙染有關[9]，比瘧蚊造成的死者還要多。我們的破壞力太強大了，二〇二〇年的一份研究根據物種數量趨勢的

8.譯按：兩人為公元七世紀後半的肯特君主。這套古律法用語對現代人相對容易理解，而且內容以法律程序為主，不涉及宗教。

9.譯按：需留意「有關」不代表直接的因果關係得到證實，其中摻雜推論以及統計學不同詮釋的問題。

長期演變，認為地球失去了三分之二的脊椎動物。數字或許存有爭議，但事實是在人類毀壞環境的作為中看不到良善，反覆主張的尊嚴、超越等等恐怕只是自我滿足，甚至並不擴及全人類，只適用一部分人。由此觀之，我們為何覺得人類特徵不同於鯊魚偵測電場和獵物的器官「勞倫氏壺腹」（ampullae of Lorenzini）？獨特是沒錯，但善是怎麼來的？

媲美紅毛猩猩的愛

認為只有人類行為具道德意涵令人開心，但難以抵消我們身為動物的事實。數百年來，世俗與科學思想試圖跳脫地球自然界的道德虛無。認知到生物為了生存必然有痛苦殘酷的性質後，思想家將道德轉為抽象的概念，告訴大家不要以自然界或自然賦予的性質判斷是非好壞。哲學上稱其為「自然主義謬誤」（naturalistic fallacy）[10]。之所以為謬誤，是因為藉由自然來評判人類該怎麼做、遵循什麼價值觀很困難，甚至是不可能的。流傳到現代，大眾相信道德是人

10. 譯按：於一九〇三年由喬治・摩爾（George Edward Moore）提出，屬於邏輯推論，不專門針對自然主義哲學（摩爾指出此謬誤也出現在非自然主義倫理學和所有的形上學倫理學中）。

類獨有的成就，而且獨立存在於生理之外。這種信念已經變成常識。

問題是，將人類道德經驗抽象化，認為它與我們身為動物的事實無關，這樣的說法有嚴重的內在邏輯矛盾。現代社會渴望在人類與其他生物之間找到無法跨越的鴻溝，追根究柢是需要心理和道德的界線，為的是自我滿足，以自己喜歡的方式詮釋所處世界。

事實上，我們崇尚的很多事物還是要回歸到動物身分。看看親子關係，我們愛孩子確實不僅僅是體內荷爾蒙作祟，與孩童自身和他們的獨特性絕對有關。愛並不只是化學反應。對人類而言，愛這種感情理所當然還牽涉到發生過的事件和內心活動。可是如果將孩子轉換一個形式，變成透過演算法在手機上呈現的材料，同樣是過去一年的生活影像和軌跡，少了動物之間會有的反應、動機、情緒、感受等等，恐怕愛連起點都不復存在。人類社會成員之間的關愛扶持並非理性思考的結果，而是出自動物本能。

有人認為即使其他動物表現出類似愛的行為也不具道德意涵，這種論點是否站得住腳？紅毛猩猩的生命歷程與人類特別相近，尤其反映在母親與下一代的關係上。牠們懷胎略少於九個月，嬰兒出生後會攀在媽媽身上喝母乳好幾年。小猩猩跟在母親身邊學習可能長達十年，即使獨立之後也會常常回來探望。[11]但我們學到的是這種行為不能稱之為愛。這也無妨，然而這與動物本能不帶情感的論點就起了衝突。更進一步說：情感是否那麼重要？紅毛猩猩母親犧牲自己養育兒女多年是因為愛嗎？還是因為牠們的生理機制創造出需求？我們能確定的是，生理機制給了牠們行為理由，不這麼做下一代無法存活成長。

有一派觀點認為親子關係是道德阻礙，容易衍生出徇私偏袒、乃至部落主義。但對人類來說，照顧子嗣要考慮的不僅僅是下一代的身心健康，也牽涉照顧者付出的心力成本。目前照顧者依舊以女性為主，但縱使養育後代對社會有重大意義，我們至今仍不認為母親這份工作應該得到收入，反而常常因為她們離開工作崗位而施以懲罰。養育行為有高度集中且個人化的元素，背後同樣有其邏輯：幫助孩童成長發展，代價是提供愛的時間和精力，多半是母愛。至少我們這樣的哺乳類動物都適用相同規則。

抽絲剝繭後可以發現自不自然未必要緊，關鍵在於有沒有益處，以及我們能

11. 譯按：近年研究發現：推估壽命可達五十年的野生紅毛猩猩，其哺乳期長達八年，根據營養情況可能更久。紅毛猩猩即使在青少年到中年階段，若遭遇食物匱乏，都可能回頭藉母乳度過難關。換言之，以人類的道德解讀紅毛猩猩的行為模式未必合理。

否理解隱藏其間的意義。談論何者好、何者有益時，人類時常投射複雜的假設，將得益者的價值也納入考慮。而大眾多半堅持己見，對眼前的事實視若無睹。無論如何，將人類自絕於動物是說不通的，主張人類和蕁麻、菌類不同很簡單，對象換成其他動物就開始冒出很多模糊地帶。尤其比較大象這種同樣腦容量大、有智能、會照顧後代的物種時，即使外觀無法相提並論，行為卻有太多共同點。我們究竟憑什麼堅持兩者之間存在絕對的界線？偏偏絕大多數人都接受這種論調。

可是這種想法不合理。這個不合理與造物主是否存在並沒有關係。共同起源的演化既不肯定也不否定神的存在，承認人類對獨特性的需求也不會與任何思想產生衝突。人類不必比較高等或具有超自然元素，才能與其他動物有不同需求。而且上述這些道理都不會導出其他動物不具備感情和需求的結論。也有很多人不想繼續活在神跡或神話之中，將信心放在科學發現的真理，不過人類與地球其他生物間的關係至今不夠明朗。雖然有足夠證據證明動物各自具有不同的心理構造，學界始終不打算深究。儘管也有人主張文明進步的前提是理解自身與其他動物的關係，但這樣的聲音始終沒有被社會主流聽見。

另一種意見是即便人類憐憫其他生物，但這種行為不會得到回饋，因此人類對牠們沒有義務。的確，沒有回報的付出很難維持下去。但這種說法與其說是理由，更像是藉口，是為了避免大眾對其他動物產生同情就撒下的漫天大謊。我們始終以為自己的意識形態與生物界無關，畢竟動物沒有我們這樣的心智和動機。然而這種舊思想將人類禁錮在矛盾且錯誤百出的道德體系內，造成的問題逐漸顯現，根源就是我們基本上拒絕承認自己也是動物，以及身為動物的事實對人類有重要意義。隨之而來的影響以嶄新而強烈的形式呈現。為了尋求意義，我們自詡為唯一真正有價值的動物，甚至進而從意識層面否定自己的動物身分，即便意識本身就是一個動物現象。衝突至今尚未解決，雖然這種意識形態支撐文明長達千年，但沒有延續的理由。

尋找靈魂的千年旅程

人類非常不同，這一點毫無疑問。我們的生活方式與其他物種無法相提並論，我們有網際網路、能透過影片看到同胞走在月球表面、還能成立聯合國討論全球安全。差異顯而易見，還隨著時間持續擴大。二十一世紀人類準備將跑車發射到太空，和其他動物的對比更形強烈。

這樣的差距是由文化驅動。文化最主要的成就是將資訊儲存在個體外。螞蟻的舉世成就在於成功分化為超過一萬四千個不同品種，相對而言人類針對環境的適應變化少了許多。**智人**演進出他們的文化。我們有超過七十億的人口，經由文化分享知識才得以登月。拉斯科洞窟（caves of Lascaux）[12]壁畫時代的古代人連輪子是什麼都不懂，原因並非他們比較笨、腦部小或弱，而是知識隨世代傳承累積。反過來看，正如演化生物學家喬瑟夫・海因里希（Joseph Henrich）所言，人類若失去成員或文化之間的連結，個體的生存能力相較於其他動物會顯得特別差。

英格蘭詩人約翰・伯格（John Berger）在文章裡寫道，「人是世界中心」，但情況已經改變。一個個世紀過去之後，人類與整個生命界越離越遠。當然並非所有人類社會都處在同樣階段，例如亞馬遜雨林仍有原始部落，蒙古平原上游牧

12. 譯按：位於法國，放射性碳定年法推估圖畫完成於一萬五千年前。

民族尚在，他們的生活模式還十分貼近自然。不過地球上超過半數人口居住在都市，接下來數十年內比例可能會攀升到四分之三。都市人每天花費數小時接收人類社會的新聞、觀看YouTube影片，並因為這些科技進展更確信自己與其他動物有所不同。可是撇開新奇技術，我們並未真正跨越地球環境的限制。

幾百年過去了，自然界裡找不到任何證據支持我們對自己採取的觀點。反證倒是俯拾即是。例如更往外觀察所處環境，會發現人類獨特而獨立的地位再度受到撼動。過去社會的共識曾經主張人類為宇宙中心，然而從第谷．布拉赫（Tycho Brahe）[13]發現超新星開始，我們註定意識到自己存在的宇宙脈絡與想像有很大不同。幾年前我與SETI[14]的瑪麗．巴索尼（Mary Barsony）對話時，她聊到人類對天文學家的發現抱持何種態度：「人類天性就是思考『意義』，但將意義強加在自然界本身反而沒有意義。任何一種動物都可以當作宇宙中心。問題是人類不僅僅受限於已知，還受限於我們能承受多少。」赤裸裸的現實是，人類以目前形態存在不過數十萬年，然而宇宙已經有一百三十億年的歷史。社會上依舊有一派觀點認為智人並非偶然，換言之宇宙是為了使人類得以存在而變化為現

13. 譯按：丹麥貴族，天文學家、占星和煉金術士，助手之一是克卜勒。
14. 譯按：Search for Extra-Terrestrial Intelligence，搜尋地外文明計畫，尋找外星文明的團體統稱。

在的樣子。但這種思考邏輯像是賭博，隨時可能因為新的科學發現而幻滅，尤其宇宙中還有太多太多的未知。

亞利桑那大學天文學家克里斯・尹培（Chris Impey）指出，生命確實像是出於某些極端的偶然，問題是出現之後呢？多細胞生物是否在某些條件下註定誕生？阿米巴原蟲變成馬尾草究竟多困難？探尋系外行星（exoplanet，也就是能有生命的行星）是一門新興科學，其中就涵蓋許多生物居住條件的假設。一九九五年，NASA 克卜勒太空望遠鏡意外找到一顆岩石天體，對類地行星的搜尋幾乎同時間展開。然而，第一個真正的系外行星 Gliese 581c 直到二〇〇七年才由米契・梅爾（Michel Mayor）和狄迪爾・奎羅茲（Didier Queloz）發現。之後找到好幾千個系外行星，研究者據此推估單是銀河系內，可能就有一百億至兩百億個生物可居住的星球——不會過熱或過冷，環境中有水源與能量。目前 NASA 開始針對氧氣、水蒸氣、碳氫化合物燃燒的痕跡展開更多調查。

生命體需要的另一個要素是時間。地球花了幾十億年才演化出原始動物，又過了幾十億年才出現有望遠鏡這種科技產物的物種。其他動物也有文化和社會學習策略，哺乳類尤其明顯。不過哺乳類之所以能適應與演化，以及能夠成為獵食者，也是機緣巧合：地球生物圈因為隕石而混亂毀損並失去九成。「如果人類的存在是一連串偶然的結果，」尹培問：「同樣結果再出現的機率有多高？」相信我們並不孤單的人可能有點挫折，因為生命在宇宙間未必常見，但也有人覺得不必面對外星文明是好事，而且既然一直只有地球人，人擇原理（Anthropic principle）[15]就不受挑戰。

解決人擇原理之辯最顯而易見的途徑之一，是否認到底。猶太教經典影響人類社會長達幾世紀，學者據此假設地球歷史僅約六千年。「年輕地球」這個論點的吸引力在於，如此一來地球特別與人類匹配，地球歷史就是人類奮鬥史。然則十八世紀時，蘇格蘭地質學家詹姆斯·赫頓（James Hutton）發現透過侵蝕與沉積可以觀察時代演變，由岩石沙土構成的時間觀稱為「深邃時間」（deep time）。接下來世界各地挖掘到許多奇怪物體和骸骨，每隔不到十年便找到更多早期人類的考古證據，創世造人的說法與年輕地球理論遭受巨大威脅。結論幾乎不可免指向：自然環境經過漫長時間演化才變成現在的模樣，人類也不例外。

15. 譯按：即「物質宇宙必須與觀測得到它，並具備意識的智慧生命相匹配」的哲學理論。（「宇宙環境調控如此精準，是為了使智慧生物得以出現。」）

但對此感到矛盾的社會大眾仍有百萬千萬。年輕地球創造論在某些基督教派中特別流行，主要代表是透過熱門電視節目而獲得支持的福音主義運動。自從一九八二年起，美國蓋洛普民調定期詢問美國民眾對人類演化的思想傾向，發現直至近年，碩士以上學歷者依舊有超過兩成相信人類是被創造的，物種歷史小於一萬年，而且出現以後就是目前的狀態。這個結果再度證明：面對不願接受的真相，人類的排斥心理多麼強大。

說穿了並不新鮮，歷史上有太多案例是新知識與舊思想對立。十八世紀的好幾十年許多人尋找恐龍，科學家與思想家針對找到的證據爭辯不休，但衝突點根本不在於事實數據之類，而是因為過往奉為圭臬的教義和神話毀於一旦，心理反應上無法接受。另一方面，數十年仔細的地質研究有了新發現，歐洲與美洲的地貌絕對曾經因冰河期而大幅改變，冰河期之前許多大型動物棲息，如洞熊，但後來都滅絕了。地球本身就是浩瀚壯闊的造物故事，角色就是那些保存於岩石土壤的化石和史前器物。地球才是最有權威的資訊來源。

最出人意表的發展還是查爾斯・達爾文。他在小獵犬號（Beagle）的時代遭到許多嘲弄，後來才得到世人認同。達爾文發現人類在結構和行為上與其他動物有很多重疊之處，推測原因是遙遠的過去雙方有共通的先祖，而這個想法造成某些人「最劇烈的痛楚」。小獵犬號船長羅伯特·斐茲洛伊（Robert FitzRoy）與達爾文的對立不僅限於演化觀點。斐茲洛伊是托利黨員且支持奴役制度，達爾文則是輝格黨員並主張廢除奴隸。[16]船長戮力否定各種地質年代的新發現，無論出現多少證據都不屈服於所謂的懷疑主義，軼事之一是一八六〇年牛津大學自然史博物館的演化大辯論（1860 Wilberforce-Huxley evolution debate），他在場內高舉聖經譴責達爾文。[17]根據在場者轉述，他對觀眾表示：「我相信這才是真理。如果早知道事情會變成這樣，當初根本不會讓他踏上小獵犬號。」

達爾文主義引發的焦慮非常巨大，連作者也對自己的理論深感不安。同樣在一八六〇年，他寫信給偉大的美國植物學家亞薩·格雷（Asa Gray），內容提到「世上太多苦難」導致對信仰質疑。「我沒辦法說服自己……」達爾文信上說：「上帝會刻意創造姬蜂科（*Ichneumonidae*）[18]，要牠們把毛毛蟲體內吃光。」既然人類與其他物種都生活在寄生生物、隕石襲擊、盲目的能量交換中，就算真有

16. 譯按：Tory 為英國中間偏右政黨，正式名稱是保守與統一黨；Whig 傾向自由主義，名稱來自托利黨的嘲諷（原意為「驅趕牲畜的鄉巴佬」、「好勇鬥狠的蘇格蘭長老會信徒」）。
17. 譯按：斐茲洛伊在會場拿出大本聖經要求觀眾相信神而不是人，聲稱聖經是唯一真理，並表示《物種起源》造成他「最劇烈的痛楚」，然後被觀眾噓下臺。
18. 譯按：寄生蜂，通常將卵產於其他物種的卵或幼蟲內。

上帝那也是祂的設計。然而，這代表評估人類價值時有更多複雜因素該考慮。

達爾文主義對主流宗教和創造神話造成嚴重威脅，但達爾文自己知道更棘手的是道德體系。既然人也是動物，道德是否也要依循自然？自然充滿殘酷，身為動物這件事如何對我們的行為做出指引？這些問題直到現在依舊困擾世人。我們理解到人類和其他動物有同樣先祖以後，社會卻決心不讓這件事情影響既定的道德觀。即便如此，影響終究如水蝕悄悄滲透進來。

宗教是從自然抽離的道德根源。不過若是脫離神這項因素，各種信念就顯得薄弱許多。要求一般人放棄人類在道德價值上獨特的地位，會造成什麼恐慌？美國哲學家莫蒂默・阿德勒（Mortimer Adler）曾經描述過：「地位低的人類群體遭到地位高者奴役、剝削，甚至屠戮，無論就事實或道德來看，與負重的駝獸、提供肉和毛皮的牲畜，甚至和病媒、害蟲、猛獸得到的對待並無二致，為什麼我們不願意用同樣邏輯去解釋？」眾所周知，人類文明史直至今日依然採取這種態度，類似事件層出不窮。道德行為和常規始終浮動，我們卻覺得承認及取法自然令人尷尬，並盡一切手段阻止人類和動物沾上邊。

或許早在數千年前答案已然存在：無論蚱蜢跳躍、鳴鳥啼囀，還是狩獵的貓科尾尖震顫，所有生命皆是奇蹟。這類被鬆散歸類為「泛靈論」的思想與自然現實之間隔閡相對較小。若生物活動背後真有某種神奇的力量，那麼人類也不過是在神聖宇宙中分得一部分而已。這種原始而努祕（numinous）[19]的思想痕跡至今仍在，見於所剩不多的狩獵採集文明，多神教宇宙觀裡也存有淡淡色彩，但基本上轉型為大型農業文明的過程會將之排除。

縱觀歷史，知識未必總能驅散

19. 譯按：語源為拉丁文 *numen*，原意為「神明」、「物質或空間之上的靈魂」，哲學家魯道夫．奧托（Rudolf Otto）以努祕表示扣除「道德」和「理性」之後的「神聖」。

黑暗，可能只是尋求新的光源。每當科學或智識領域對人類的獨特地位造成威脅，既定的觀念會粉碎，但我們又以其他方式強化自身與其他物種的藩籬。其中一條途徑是將討論重心轉移到「成為人類」的過程。湯瑪斯·赫胥黎（Thomas Huxley）就指出，「源於牠們」無所謂，只要「有別於牠們」的可能性仍在，便足以讓很多人內心獲得平靜。之後歷史重演無數遍，所以很常聽見科學界主張：我們作為動物，必須遵守有機體規則，不過人類「獨一無二」。這樣說服自己之後，科學家接受了達爾文主義，心理上卻不受影響。

這個思路主軸在於，一開始不是人類，但後來變成了人類，一旦成為完整的人類，就不能當作動物來理解。《物種起源》出版後數十年內，這種想法快速得到支持。隨著早期人類先祖的證據越來越多，思想家與科學家的心力轉向，專注於確認人類如何變成現在的狀態，希望能指出現代人類的生物學特徵從何時開始存在。

二十世紀初，多數學者的共識是大約四萬年前，也就是舊石器時代晚期，西歐一群智人的認知能力飛躍，出現符合現代「人類」的行為模式，包括抽象思考、懂得使用複雜工具與象徵式圖畫，還有了語言。後來有人稱之為「人類革命」，彷彿猿猴變成超級生物在歷史尺度上只是一眨眼的時間。既然沒有神製造完整人類，至少能讓演化實現類似的奇蹟？可惜這種心態也很快碰壁。

如果重點是生物特徵的特殊性，我們為什麼將生物特徵和文化行為分開看待？都到了智慧型手機的時代，顯而易見的是文化可以累積一段時間後才出現爆炸性革新，與人類的身體是否變化毫不相關。從這個角度思考，或許根本沒有人類革命這回事，只是少數快速演化期穿插在大量慢速演化期之間。更甚者，現代人引以為傲的認知能力也有可能早已存在，不必等到新石器時代，而是連智人都尚未分化出來的數萬年前。美國考古學家莎莉・麥布里爾提（Sally McBrearty）說過：「西方社會尋找『革命』，一部分是為了尋找『靈魂』，也就是區隔人類和動物世界的創新之火。」

阿爾弗雷德・華萊士（Alfred Wallace）大略與達爾文同時間對演化提出自己的理論，也同樣意識到人類的心理需求。為了保有救贖希望，我們將肉體詮釋為自然現象，但獨立出「高等智能」作為某種特殊本質。這種觀點導致現代世俗社會不強調人類靈魂，以出色的認知技能作為物種隔閡已然足夠。身體裡某種不朽存在並非必要，確定理性的優越地位才是關鍵。各式各樣心智能力就是人與自然的界線。

人文主義繼承者特別歡迎這種思考路線，其動機有時是深沉的慈悲，希望以人類利益作為價值判斷的核心。世俗人文主義也認為其他動物或許有感受能力，甚至具備一定程度的意識，然而牠們無法清楚確認自身存在，也不會判斷是非黑白。換言之，其心智相較於人類並不完整。特定的經驗，例如愉悅，來自於本能，有隨之而來的代價與責任。如此推論下去，身為人類會得到其他動物沒有的經驗，因此人類只對自身負責任。透過這種巧妙邏輯，人文主義者抬高人類地位，隱藏了背後的雕鑿。

啟蒙人文主義頗為強調科學是人類智能的展現，偏偏科學對細節的追求與上述邏輯起了衝突。科學證據一再呈現所謂「人類」並非我們所想像，任何動物的特徵與外觀皆經由漫長過程孕育而來，不會是時間軸上一個特異點、一個明確的刻度。現今人類重視的各種特質也同樣是熬出來的，先祖身上至少能找到部分特質，即使我們深信自己與他們地位截然不同。

資深生物分類學家、美國自然歷史博物館榮譽館長伊恩．塔特索爾（Ian Tattersall）深刻體悟這一點，於是他說：「生物學上沒有明確界限。」可是從歷史來看，多數人類「不願承認多元性」。其實在行為出現之前，生物學特徵先成形的可能性很高。以語言來說，人文主義者時常認為語言是人類與動物不同的特質之一。然而，事實上學界對於語言起源莫衷一是，爭議點之一是如何定義語言。專家社群中的例子包括德里克．比克頓（Derek Bickerton）認為語言專屬於智人，是一個「劇變」[20]；提姆．克羅（Tim Crow）認為語言伴隨種化（speciation）[21]過程發展；里察．克萊因（Richard Klein）則覺得語言的起源可能比大家以為得都更晚。但也有如美國語言學家雷伊．杰肯道夫（Ray Jackendoff）等人主張語言發展是漸進過程，始於大約兩百萬年前人屬（*Homo*）的演化。

過去很長一段時間裡，大家以為其他人族物種如尼安德塔人之所以滅絕，原因之一就是他們沒有像智人這樣的語言。但一九八三年，研究者在尼安德塔人遺

20. 譯按：他主張祖語（proto-language）是「比照」性質無法明確認知（必須對照當下的環境脈絡才能判斷意義），但在智人身上出現本質性轉變成為真正的語言。
21. 譯按：或說「物種形成」，即物種一分為二的過程。

骸中找到一塊舌骨，是很有趣的小馬蹄形，從解剖學來看，這種構造是複雜語言的基礎。有學者認為其結構適合歌唱而非講話，但也有學者判斷這塊舌骨就是語言誕生的徵兆。倘若語言與人類特殊地位息息相關，恐怕就得正視語言並非智人獨有，而是屬於整個人族（hominin）[22]。如此一來困惑更多，代表語言演化或許要向前追溯到人族共同源頭。近期針對牙齒標本的分析發現，智人與尼安德塔人的分化至少在八十萬年前，之後雙方基因還是相互流通，想要找出明確分別十分困難。若能時光旅行，回到過去觀察圍在火邊談天的人類祖先，說不定能找到好些個毛髮茂密、眉骨隆起的成員。此外，曾經存在的類人動物或許超過了歷史學家願意承認的數量。

二〇一九年，非洲人類學家約翰尼斯．海爾瑟拉西（Yohannes Haile-Selassie）在衣索比亞沃蘭索米爾（Woranso-Mille）挖出完整人族顱骨並驚動四方。在此之前，學界認為現代人類的演化路線單一，自湖畔南方古猿（*Australopithecus anamensis*）往下到阿法南方古猿（*Australopithecus afarensis*）。可是那枚顱骨顯示，這兩種高智能且直立行走的靈長類或許是時代重疊的兩個不同物種。再推敲

22. 譯按：靈長目人科的一族，屬於人亞科，其中只有人屬以及黑猩猩屬存活至今，包含現代人類。

下去，演化至現代人類說不定也是多重路線，而不是單線向下。海爾瑟拉西為首的一群專家據此推測，智人來自演化潮流，是不同物種適應氣候變化與食物短缺的結果。同年，羅素．喬奇（Russell Ciochon）率領的研究團隊成功判定爪哇昂棟（Ngandong）出土的直立猿人（*Homo erectus*）骨骸歷史為十萬八千到十一萬七千年之間。過去被視為直系祖先的物種，如今看來或許跟智人生活在同一年代。

沒人能完全掌握過去，但演化「革命」這種思維刻意模糊事實，只因為事實會造成我們內心迷惘不安。倘若史前史學家羅伯特．貝德納里克（Robert Bednarik）的想法正確，語言在整個更新世裡慢慢演進，人類究竟是什麼時候打破了自身與其他動物的隔閡？從多數化石紀錄來看，我們引以為傲的種種特徵都是緩慢的發展過程。考古學上引發諸多爭議的碧玉臉本身只是貌似人臉的小石塊，之所以引起關注是因為它出現在南非，與非洲南方古猿（*Australopithecus africanus*）埋在一起。玉石像未必是藝品，和古猿出現在同一場所的確切原因也沒人知道，但考慮到碧玉並非當地礦藏，可能性剩下多少？或許這塊石頭是被並

非人屬的靈長類找到，牠覺得這塊石頭有特殊意義，所以當作寶物守護？

玉石像是幾百萬年前的東西。其他證據顯示至少八十萬年前，人族已經開始分辨物品的稀有價值，水晶就受到珍藏。同年代還出現使用染料的跡象。另一個引起爭論但沒有結論的物件是坦坦像（Tan Tan），推測年代在五十萬年左右，外觀似乎利用視覺模糊性，可以當成自然蝕損的石頭，卻也神似豐滿女性。基本線條或許是天然形成，但研究過的學者找到許多外力跡象，也就是經過加工突顯人形輪廓。

早期智能證據中，爭論最少的是舊石器時代初期的碗狀雕刻（cupule）。其實只是石塊表面被擊出凹槽，於是變得像小碗。但由於需要堅硬物體捶打，不難想像需要有生物刻意為之。一批碗孔出現在喀拉哈里沙漠（Kalahari Desert），檢驗後約為四十萬年前遺留下來，其他地方出土的或許年代更久遠。研究岩石藝品的專家多半認為這種碗孔是動物以符號表達自我的初期徵兆，通常會有數百個聚集成群，類似放大後的草莓表面。岩石堅硬，單一碗孔就需要成千上萬次敲打，十分耗費時間與體力，製作者究竟是什麼心態？[23]

藝術史學家艾倫．迪沙納耶克（Ellen Dissanayake）認為，這樣的碗孔結構是種儀式，可以刺激腦內啡分泌，增進一小群個體間的信賴及安全感。捶打的聲響在他們耳中像雷聲，還是野獸奔走？祖先們是否跟著節奏唱和？沒人能回答。但可以肯定的是，製造碗孔的生物不會僅僅擔任強大掠食者的角色，他們也身為獵物。此外，雖然心智能力還比不上現代人類，但足以發展出儀式概念。

真相或許破碎而複雜，但我們應該關心，因為證據指向人類是生命漸進演變的結果。智人身上獨一無二的特徵作為研究主題很有趣，卻也顯現出還有很多人對達爾文主義無所適從。如果人類是漸變而來，道德就失去絕對性，人類的絕對

23. 譯按：對此考古學界能肯定的不多，推測的製作動機也十分多樣化，曾有報告整理出七十一項之多。由於外觀近似某些自然地貌或原始工具，辨識過程也不敢保證百分百準確。

地位進一步遭到削弱。自達爾文之後的世世代代孜孜矻矻投入相關研究，可見人類追尋自我定位的心理需求多麼深沉。

然而，這麼多考古證據並不代表現代人類失去獨有的能力。無論演化過程為何，人類確實獨特，也有自己的特殊需求。問題是，為何因此否定其他物種的需求？從西叢鴉到寬吻海豚，許多生物有自己的文化或語言，為什麼人類視而不見？演化生物學家安德魯·懷騰（Andrew Whiten）解釋過其他動物如何透過社交學習減輕攝食壓力，例如黑猩猩在果實不足時會利用環境材料當作錘子[24]，紅毛猩猩母子採取觀摩法傳授如何用植物莖部誘捕白蟻維生，黑猩猩也會誘捕白蟻，甚至還有捐贈工具給部落中能力較差的晚輩這種利他行為。

超過六成的靈長類動物因為人類行為面臨滅絕危機，該是我們好好思考的時候了。從一九六〇年代到今天，黑猩猩數量已經減半。人類遲遲不採取行動減少自己造成的破壞，主因就在於我們始終認為自己與牠們之間有牢不可破的藩籬。黑猩猩死了就死了，好比蠟燭被吹熄不值一提。作為人類先祖的物種若還在世上恐怕也會被棄如敝屣，儘管少了他們就沒有我們。

24. 譯按：以錘子和砧板敲碎堅果。

有道德的掠食者

否定動物身分幾百年之後，人類社會產生許多矛盾和混亂。即使有人嘗試矯正，通常反對者會出面叫囂排拒，否定從生物層次理解人類生命的想法。昆蟲學家艾德華．威爾森（E. O. Wilson）提出生物社會學（sociobiology）概念，希望整合不同學門、針對人類本質進行徹底研究，隨即引發學界同儕強烈反彈。對於生物社會學的主張，有些反對意見是基於演化的爭議論點。這樣的反彈源於對動物行為的可塑性過度簡化的觀點，包括人類行為。但最激烈的一些反對則來自對於人類是動物這個想法本能的厭惡。學生抵制教授、支持其觀點的人遭到抨擊訕笑等等現象。[25]七〇年代末某次講課上，反種族主義團體朝他頭上澆了一壺水。

這種歇斯底里的行為部分源於二次世界大戰結束不久，威爾森的說法挑起世人心中尚未化解的恐懼。科學一度受到法西斯主義扭曲而為種族主義幻想背書，不過納粹德國無視倫理的研究環境確實使遺傳學有了長足進展。後來任何從生物學詮釋人類的意圖都會喚醒那段記憶，大眾害怕生物學淪為人類價值的磅秤。

25. 譯按：生物社會學可謂二十世紀末科學界最大辯論，有人認為威爾森為種族歧視找藉口。威爾森本人表示本意並非將「適者生存」觀念套用在人類社會，主張其概念無關道德而是科學，但許多哈佛同儕堅決反對。

然而現代社會依舊充滿各種階級思想。多數宗教體系裡，生命就是一條鎖鏈，頂端為神，天使次之，人被放在更下面。我們從未擺脫這種生命階級觀，例如世俗人文主義追求的是從信仰幻覺中解放，刪除神這個概念後，卻又導入個人自我實現式的天堂概念。一九三〇年代，德籍流亡神經學家科特・戈德斯坦（Kurt Goldstein）在其著作《有機體》（*The Organism*）中，主張動物生存的驅力是發揮完整潛能。後來人文心理學家馬斯洛（Abraham Maslow）又提出需求金字塔理論，認為人要從最低層次的動物需求向上爬，終點是完全發揮其認知能力。[26]

階級思想本該在達爾文主義後就消失，卻持續至今。其實達爾文在筆記中特別提醒自己別以「高」、「低」之類比較詞進行討論，但很少有人記得此事。主題為心智活動時特別明顯，通常會貼上「高層次」和「低層次」的標籤。許多人心裡只有特定思考模式具意義，甚至更極端的認為世上只有一種「思考」，就是僅限人類能夠進行的思考。這種觀念不但錯誤，也摧殘了生物世界。

越來越多證據顯示其他生物也有情感和意圖，牠們的思考、行為及需求與

26. 譯按：兩者的理論皆針對個體狀態的層級（自身與自身比較），而非個體、群體，以至於物種之間的階級觀念。此外，需求金字塔理論的自我實現並非專指認知能力，已有人將其運用於其他動物。

人類有別，但這個分別並非無限大。而且我們也見證了人以外的動物對地球生態的貢獻，還有牠們的生命歷程複雜多變，不但包含了情感，甚至也有心理上的克制。就連昆蟲也值得觀察。安德魯・貝隆（Andrew Barron）在二〇一六年《美國國家科學院院刊》（*Proceedings of the National Academy of Sciences of the United States of America*）發表了一份研究，他掃描了包含蜜蜂在內數種生物的腦部，結果發現牠們的中腦具有足夠的記憶與認識能力作為行為抉擇的基礎。常見的反駁論點是人類認知能力繁複太多，因此具有較高的價值。但縱使人類就是愛分級，用生物特點作為階級依據多半沒有好下場。稍微讀讀歷史就能明白，視人類自身為獨一無二是大概的共識，但誰有資格被視為人類又是另一回事。

現在有種常見說法認為人腦是全宇宙最複雜的東西。這個反覆出現的句子源於詹姆斯・華生（James D. Watson），他是DNA發現者之一，二十世紀偉大的生物學家。無論威爾森或華生，兩人都認為人類就是動物，可由生物學研究事實加以理解。差別是威爾森期待人類透過生物學更瞭解自己，華生則相信若人類希望的話可以提升自己。在華生眼中，科學，特別是基因科學，能造就更健康、聰明、美麗的人類世界，於是二十世紀晚期他開始主張父母有權運用相關科技。《週日電訊報》（*The Sunday Telegraph*）曾經引述其說法，內容是若雙親發現孩子是同性戀，且憂慮孩子的人生因此慘澹的話，可以選擇墮胎。華生表示這是對方曲解[27]而考慮提告，可是他在第四臺（Channel 4）製作的紀錄片《DNA》中又主張過濾掉「最下層、連小學課業都有障礙的百分之十人口」[28]，並表示雖然很多人認為個人成就最大的阻礙是貧窮，但「事實未必，所以我希望能提供幫助，改變現況」。

值得一提的是，事實上華生為二〇〇三年第三部《人文主義宣言》（*Humanist Manifesto*）的簽署人之一。《人文主義宣言》第一部問世於一九三三年，當時整個運動被稱為「宗教人文主義」，追求人類成為自身存在的創造者，目標是「完整實現人類心性」，並且設計許多制度以「增進人類生活」。當時三十四位簽署者都是名流。

二次世界大戰導致該運動式微。第二部宣言到了一九七〇年代才出現，內容捨棄「宗教」字眼，承認工業科技的氾濫和誤用催生出集中營，然而又聲稱迎來

27. 譯按：另一位演化生物學家理察・道金斯（Ricahrd Dawkins）亦投書指責《週日電訊報》扭曲華生立場。他認為華生的言論只是一種方便舉例，即使胎兒是異性戀也可能成為墮胎目標，華生強調的是選擇的「權利」，而非篩選的「標準」。
28. 譯按：華生曾在別的場合表示愚笨應被視為疾病，最愚笨的百分之十人口應該「接受治療」。他還曾以肥胖為例，認為肥胖者基於外觀會在工作面試遭遇阻礙，並且主張外表美醜也可透過基因科技控制。

「新時代的黎明，人類準備探索太空，或許移居其他行星」，以及科技可以「控制環境……開發嶄新的能力」。最後目標依舊是「全人類的心性」成長，並從中發現「個人意義與人的生命定位」。

人文主義運動的錯誤在於不願意放下「人類卓越」這個夢想根基。人文主義者需要與生俱來、非宗教性但又獨特的人類特質以維護階級觀念，他們在理性內省中尋找，卻只找到人類與動物的關聯。人類生活只有一個層面與其他動物明顯不同，所以人文主義思想緩慢又間斷地以此為中心構築世界，在社會意識裡建構出所謂「人」的形象。持續追尋這種個人化天堂會使心靈扭曲，並因此讓人文主義陷入棘手難題：如何看待失去內在那個「人」的人類？

我們認定為人類獨有的心智活動特徵，其實在嬰兒、遺體和昏迷病患身上是找不到的，但大家依舊認為他們應該得到尊重和妥善照顧。同樣的，許多嚴重身心障礙人士也缺乏那些特點。換個角度看，只要我們接受自己身為動物，事情就會簡單許多。承認人類有自己的生命規律，會更容易理解為何我們本能想要照顧嚴重殘疾的同胞、該從什麼立場決定胎兒的命運。生命規律的不同階段代表不同

需求，但若我們刻意分離所謂「人」的特徵，就會忘記事實上我們是身為人類的動物，生命是個動態，形體也會產生變化。

接受人類也是動物，不要自詡為高等，我們才能接納連體嬰、安裘曼氏症（Angelman syndrome）等等突變或遺傳疾病。身障或老化不再是威脅人類本質的變異，而是有機體身上的常態。這並非主張人類不該試圖減輕痛苦、改善生活，而是不要高高在上針對何謂人類做出定義，強加期望在每個人身上，要求成年人必須符合某種標準值，又時時得與人類能力的極限值做比較。可惜人文主義選擇的並非這種道路，回歸世俗的救贖仍舊切割自然並以此為傲。如果人類是因為生理而成為最重要的生物，甚至唯一有地位的生物，我們又如何可能放棄以生物特徵評斷他人？

納粹就是利用這樣的認知落差展開T4行動（Aktion T4）。T4代表擬定計畫的地點[29]，計畫內容則是強制安樂死，時間至少從一九三九年就開始，直到二次世界大戰結束。T4初次實施在布蘭登堡，數千名兒童遭到殺害，以希特勒的語言來說，原因在於那些孩子是*lebensunwertes Leben*，「不值得存活的生命」。其實他並不是第一個有這種思維的人，一九二〇年卡爾．賓登（Karl Binding）與心理學家阿爾弗雷德．奧什（Alfred Hoche）就出版過《容許消滅無價值生命》（*Permitting the Destruction of Unworthy Life*）一書。類似觀念不僅出現在國家社會主義時期的德國，一九二七年美國最高法院判決，針對身心障礙人士實行強制絕育並不違憲。探討這段迫害歷史的美國作家肯尼．弗里斯（Kenny Fries）提起自身殘疾：「如我們這樣帶有缺陷的人，在何謂生命價值的辯論中總被逼上第一線……通常〔我們的生命〕都是沒價值的。」除了失去價值，他也提到大眾

29. 譯按：Tiergartenstraße 4，蒂爾加滕街四號。

對身心障礙者懷有恐懼感，彷彿不完整的生理技能會損害人類優越性的範本。

二次世界大戰以後，許多人認為落實「尊嚴」可以有效保護全人類生命。於是尊嚴這個概念擴大到個人與社會體制的所有層面。然而目前人類對尊嚴的想像仍有許多局限，未能進一步詮釋不具主觀意識的生命為何同樣重要。

以《世界人權宣言》為例，旨在保障每個人在法律之前被視為人、有與生俱來的尊嚴權。文藝復興時期哲學家米蘭多拉（Pico della Mirandola）在《論人之尊嚴》（*Oration on the Dignity of Man*）裡，讓上帝對人類宣告「使你為世界的中心」。知識撼動世界，尊嚴重建人類的中心地位，也成為我們如何對待彼此的重要依據，可惜就其目前的形態而言，仍淪為另一種僅限人類的特質。我們稱為尊嚴的概念原本可以改變大眾思維、擴及人類之外的領域，然而不想成為動物的人直接鄙棄這種可能性。

詹姆斯・華生認為自己很幸運，因為雙親為無神論者，於是他也「對靈魂沒有執著」。二〇〇三年簡練版的《人文主義宣言》問世時，他們宣揚人文主義是一種進步哲學，進步體現在科學上，於是科學獲得神一般的地位，而倫理觀則源於人類生命「與生俱來的價值與尊嚴」。目前世俗人文主義是主流宗教之外最多人信仰的意識形態，但事實上它只是另一種權威神話罷了。看在非信徒眼裡，人文主義時常只是將荒謬或不完整的解釋糅合起來，在多元並陳的地球上推行階級制度。

人文主義者一面宣稱人類與其他動物同樣通過演化形成，一面卻認定人類的生死比其他動物來得重要，即便這個認定與演化毫無關係。他們先入為主認為人類能隨意利用其他動物，但這種想法缺乏科學根據。雖然人文主義思想小心翼翼避開了人類社會中的階級觀，面對其他動物時則完全不在意，至少並未觸及個人層級，原因就在於多數人已經深信人類的自然特徵凌駕其他物種。

人文主義強調天賦價值，不可分割的道德原則之基礎來自人類這個物種的獨特性。我們總是聲稱動物不具某些能力，並且以這樣的缺乏為理由合理化自身行為。我們懷疑動物是否會受苦、是否有意圖，努力想要與其劃清界線。即使踏入灰色地帶，價值體系可能崩解，我們或者視而不見，或者想方設法主張條件特殊無法以正常方式做判斷，無止境的爭辯中出現什麼誇張言論、強詞奪理都不足為

奇。然而只要試圖否定人類身上的動物性，任何意見都禁不起考驗。

我們的道德困惑有個出乎意料單純的根源。許多拉扯來自人類是掠食者，卻同時有發達的道德認知。我們一面獵殺其他動物為食，一面卻又能夠表現出強烈的溫柔與情緒深度，這是我們自然演化歷程中的重點。野外環境裡充滿殺戮與仁慈，哺乳類動物身上尤其明顯。狐狸以銳利的裂肉齒撕碎甲蟲外殼時沒有一絲悔意，可是沒有生育的母狐狸會照顧姊妹的孩子，提供食物、陪牠們玩耍。[30]小狐狸曬著太陽在草叢翻滾時，心裡肯定能

30. 譯按：生物學界對此現象的解釋是：社會性動物有「合作生殖」（cooperative breeding）行為，可能成因是增加總括適存性（inclusive fitness）留存共有基因、增加育幼經驗有助未來的繁衍行為，推測屬於遺傳機制。

體會什麼是快樂。如果草食生物發展出可與人類比擬的智能？如果發展出道德體系的是加拿大河狸？又或者是徜徉於亞馬遜河以及美國佛州核電廠周圍的海牛？

由此觀之，更能感受到人類對動物性的否定有多深，始終不願面對真相。我們的各種行為都是從動物身分出發，卻不斷想將之詮釋為「人」。人類建構世界的模式其實與動物差別不大，都以自己的物種為第一優先，但我們竟然不願意承認，反倒口口聲聲說自己有「靈魂」。不願稱其為靈魂的人，改口強調有個抽象的「人性」比肉體更重要，並據此認定其他動物的軀體因此沒多少價值，只是生化零件構成的機器，如何處置都無所謂。

我們深陷自己捏造的價值體系。現代英語中 animal（動物）這個字指涉的對象不包含文明人類，然而這個分別其實與人文主義大略是同一時間出現。蘇格蘭哲學家阿拉斯代爾．麥金泰爾（Alasdair MacIntyre）在著作中說：「animal 這個字最早十六世紀就出現在英語和其他歐洲語言裡，一開始的意思有兩種層級，第一個層級包括了蜘蛛、蜜蜂、黑猩猩、海豚，**以至於**人類……第二個層級才專指非人類的動物。不過後面這層意義逐漸成為現代西方文化主流和大眾的思考習慣。」

值得留意的是，無論我們多深入研究有機體的自然性質，從來沒能找到根據——人類與其他動物之間並不存在絕對界線，無法以此為由建立牢不可破的道德標準。科學已經顯示其他有機體的生命和感知遠比人類以為的複雜，只是我們不願承認，同時人類自己的特徵源於自然，只是程度高低。或許神的概念遭到了打擊，不過更受威脅的是自詡為萬物中心的理性動物。

雖然稍微審視自身經驗，我們會理解為何必須特別重視人類，但這份重視不應該將我們與地球其他生物切割開來。人類的生活依舊是動物的生活，我們透過覺知和思想交流成為強大而敏銳的動物，可是我們的動物性並不因此終結。這個觀念對人類社會的影響直到近年才獲得重視，相較過去更值得深思，因為歷經上萬年得來的現代文明竟培養出認為自己不是動物的動物。

報春花世界[31]

二〇一九年四月，以色列發射的太空裝置墜毀在月球，意外導致原本屬於

31. 譯按：出自《祕密花園》（*The Secret Garden*）作者柏納特（Frances Hodgson Burnett）的短篇兒童故事，是一片春季會長滿報春花的美麗矮丘。

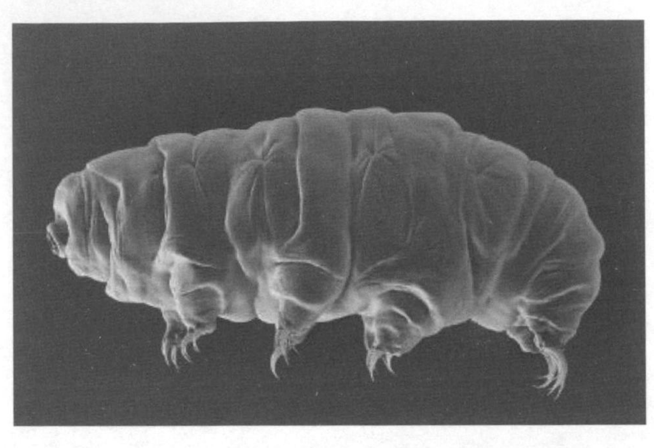

地球的極端環境微生物「水熊蟲」（tardigrade）跟著到達月面。[32]水熊蟲是只有一點五毫米的微小嗜極生物，能夠在極端條件下生存。地球生命汙染月球、太空探索背後的倫理問題並未在公眾媒體上獲得廣泛討論，社會關注的僅只於計畫牽涉到的金錢與技術。[33]裝置上以膠帶固定的水熊蟲能夠以休眠的方式度過不適生存的環境。此次太空任務背後的主導單位是拱門任務基金會（Arch Mission Foundation），其組織宗旨為「備分地球」、「跨越時間和空間，保存和傳播人類知識」，實驗設計者希望無論人類文明未來如何，能以可靠的存儲技術留下我們的存在紀錄並發送到太陽系各地，保障「物種與文明的永續存在」。

32. 譯按：除了水熊蟲還有其他生存能力強大的物種以及人類 DNA。

33. 譯按：水熊蟲生態、樣本存活率與太空廢棄物規範都在此事件後獲得媒體與學界廣泛報導。太空任務亦對生物汙染進行規範，NASA 星球防護分級根據「幫助人類對生命的理解」來分類，可能適合生物生存的環境（如火星）消毒規範會非常嚴格，反觀月球既無生物存續可能條件就相對寬鬆。

性質類似的計畫還有將文明置入超大記憶體的遠見（Long Now）圖書館、人類檔案庫（Memory of Mankind），以及地光基金會（EarthLight Foundation）。地光基金會的目標是將「生命種子帶到目前了無生機之處」，成員大致以富裕人士為主，他們期許能「支撐生命與人類擴展到地球以外」，並聲稱要「珍惜並讚頌生命」。拱門任務基金會的創辦人為科技專家兼未來主義者諾瓦・斯皮瓦克（Nova Spivack）。他的行為理念是什麼？「幫助我們拯救人類。」

此外還有斯瓦爾巴全球種子庫（Svalbard Global Seed Vault），頗為諷刺的是它位於挪威北極圈內永久凍土區的廢棄煤礦中，庫藏包括可因應全球危機的各式各樣植物種子。除了植物，也有人著手以液態氮等技術成立基因庫保存動物的精卵，期望能在需要重建生物多樣性的場合派上用場。這類型的生物基因儲存庫在冷戰結束後出現，隨著大眾更清楚意識到人類對地球生態造成的影響而逐漸獲得重視。面對物種大滅絕，我們不免希望靠自己的天賦力挽狂瀾。

一九七〇年，為動員大眾阻止物種滅絕而舉辦的首屆世界地球日（Earth Day）盛況空前，有兩千萬美國人上街遊行。當年我還沒出生，後來就沒有同等規模的行動了。然而在我成長的歲月中，地球持續失去本來就所剩不多的一些標誌性物種，如獅子老虎和長頸鹿大猩猩的族群都在縮小。老虎數量與巔峰時期相比只剩百分之七，非洲獅子的情況也差不多。二〇一九年夏天，中國與澳洲科學家合作出版的新研究終於驚醒世人：地球昆蟲超過四成將在本世紀內滅亡。

人類一直與環境生態互動，不過塞倫蓋提（Serengeti）[34]部落的破壞力和千百萬持有機器設備的人類無法相提並論。科技越強大，所造成的改變也越劇烈，而改變並非僅限於生命的逝去。以附生植物為例，人類時常忽視苔蘚、地錢（liverwort）、蘭花這些依附其他植物而生的物種。根據研究，在工業化發源地英國，附生植物的數量比起十八世紀末產業轉型前減少八成。

保羅．克魯岑（Paul Crutzen）稱地球進入人類世（Anthropocene），於是有人認為滅絕事件該列入新地質年代，不過目前多半仍以全新世（Holocene）滅絕稱之。從長毛象到旅鴿[35]，人類造成生物數量波動的模式複雜多變，但能肯定的是我們對地球以及多數有機體能發揮不成比例的巨大影響力。

我們反抗動物身分，於是很難面對自己對地球生命圈造成變化的事實，也因

34. 譯按：非洲坦尚尼亞西北至肯亞西南部地區。

35. 譯按：旅鴿屬下僅有一物種，據估計曾有多達五十億隻旅鴿生活在美國，不過一九一四年即滅絕，推論原因是遺傳多樣性低、棲息地消失與人類大量捕食。

此更難想通自己應該怎麼做。發現物種數量衰退，有人指出滅絕是演化過程的自然現象，也有人主張現在的滅絕是營造條件供未來的新物種誕生。兩億年前主宰地球的三葉蟲因為大滅絕事件而消失，實際上當時九成的海中生物都滅亡了。但事情並非一夕發生，而是經過幾千幾萬年的拉扯。牠們消亡的確切原因難以判斷，科學家推測的可能性包括海中二氧化碳濃度過高、海底火山頻繁爆發、小行星墜落等等[36]，新環境容許大型威猛爬蟲類和初期的恆溫哺乳類動物繁衍。很久以後恐龍滅絕，生物鏈的頂端空位又由哺乳類奪下。

成為金字塔尖的動物以後，人類又開始縮減哺乳類動物的多樣性。馬特・戴維斯（Matt Davis）、索倫・佛爾畢（Søren Faurby）、詹斯・克里斯提安・司凡寧（Jens-Christian Svenning）不久前發表研究，指出現代人開發土地的過程導致約三百個物種消失，全都是自古流傳而來的血脈。他們進一步估算這些物種滅絕代表多少演化歷史，結論認為高達二十五億年之久。我們應該感到難過嗎？有些人會說，人類也是自然的一部分，我們對自然造成的影響本身就是自然現象，自然自有其發展方向。

36. 譯按：也有學者認為與鯊魚和其他早期魚類出現有關（以三葉蟲為食）。

由於人類行為對特定物種有益，這種思考獲得強化。舉例而言，我們讓世界上的蘭花和哺乳類動物變少了，卻使黃草櫻花（*Primula kewensis*）變多。黃草櫻花是「混血兒」，一脈為葉門石灰岩峭壁上的植物，另一脈則來自喜馬拉雅山，混合之後葉片細長、長出白色細毛，熟檸檬色的花冠十分美麗。二十世紀初，黃草櫻花如春天的妖精現身於世界上最大的花園——原屬於英國皇家園林的邱園（Kew Gardens）[37]，壯觀華麗彷彿天堂，歷史比起達爾文擾亂維多利亞時代大眾認知還早了十年。黃草櫻花的存在證實了演化，也證實了我們無心的行動能創造出美妙的新物種。

黃草櫻花是個正向的故事，於是有人以此為由，主張毋須對自然抱持僵化理念、感慨自然遭受破壞與物種消逝。他們認為演化持續不斷，對所有物種一視同仁，自會有新的物種與生命形態遞補空缺。關鍵在於人類影響並非只有一種模式，無論何種行為的結果都是某些物種獲利、某些物種消亡。生命不是靜態而是動態。相信這種邏輯的人覺得不應該對其他物種和自然景觀採取主觀、選擇性的標準。

37. 譯按：位在英國倫敦西南郊的泰晤士河畔列治文區，內有約五萬種植物，約占已知植物物種七分之一，已列入世界文化遺產。

不過他們並未將這種理念套在自己身上，而原因不難想見。按照同樣邏輯，若人類滅絕了也只是自然現象。可是當對象是人類，就很少聽見有人聲稱符合自然規律最妥當，因為自然規律適用於所有生物、地球和宇宙的各種變化，換言之，一隻甲蟲、一座山脈都不能例外。套用自然規律，人類很快發現自己堅持的許多觀念出現漏洞。當作衡量選擇的準繩時，自然並非一直線。對我們來說，所謂符合自然必定含有主觀選擇。

最明顯的例子就是現在的保育運動。二〇一八年，紐西蘭政府展開「二〇五〇零掠食者」（Predator Free 2050）政策，意圖消滅隨人類抵達當地的老鼠、負鼠和白鼬族群，維護當地原生種的生物多樣性。已有學者提出質疑，認為這個計畫的某些基礎假設或許出了錯。然而政策本身邏輯有更大的問題。首先，若動物個體的生命對人類似乎沒有什麼道德重量，為什麼我們還要在乎生物多樣性？恐龍滅絕後的紐西蘭充斥地方特有種生物，多數為鳥類及昆蟲，少部分是哺乳類。島上的花卉也獨樹一格，樹木體積更是遙遙領先。考里松（kauri tree，紐西蘭貝殼杉）的材積就是世界第一。不意外的，人類過去居住以後，精確地說是歐洲移民居住後，考里松被砍伐殆盡。

玻里尼西亞鼠（Polynesian rat）最初隨毛利人進入紐西蘭，已經導致某些動物消失，最顯著為在地面築巢的鳥類。毛利人也大量獵捕動物，最具代表性的摩亞鳥（moa bird）沒能逃過一劫。歐洲殖民者帶著家貓出現，造成更多物種滅絕。整體而言，人類遷徙就代表紐西蘭物種與生態系的浩劫。現在政府將目光集中在意外進入那片土地的掠食者，卻很少提及酪農業問題與農業對川湖造成的水汙染。討論生物多樣性的價值時，人類用詞多半含糊，關注所謂健康平衡的生態，實際上則是某些生物或地形有助防洪、減碳、授粉。可是我們射殺白鼬解救了夜鷹，從中並沒有看到自然給予的好處。那我們為什麼要幫助夜鷹？沒人認真回答過這樣的問題。

生命得到孕育難能可貴。地光（EarthLight）團隊就以珍惜和讚頌生命為理念。然而是否只有多細胞動物才算是生命，還是引發腸胃型感冒的痢疾志賀氏菌（*Shigella dysenteriae*）也包括在內？為後院橡樹賦予價值很容易，關心在橡木家具裡鑽洞的蠹蟲則很難。

意識形態與生物工程碰撞

更複雜的判斷在前方等待著。無論各流派宗教或人文主義都一樣，對於如何定位人的實體莫衷一是。有個大略共識主張人的身體顯然具動物性，因此對人來說並非最重要的東西。肉體之外有種真正的生命意義，這種額外的元素使人類無需面對作為動物的尷尬。

有些人將肉體視為靈魂的暫時載具，因此自受精卵至遺體皆有特別意義。人文主義者認為，我們具備其他動物所沒有的心智，因而有了尊嚴、道德，以及理性這項天賦。而理智的終極表現是科學和教育，我們藉此改良人類。這兩派論點的中間有更多意識形態互相拉扯。

這樣的糾結最清楚呈現在生物學與工程學的交集上。二〇一六年，世界經濟論壇創辦人克勞斯．史瓦布（Klaus Schwab）發表自己對於「第四次工業革命」的論點，認為下一階段的進步主要包括基因學、人工智能、合成生物、機器人與奈米級生物工程。社會大眾得到一個印象：這些新產業有潛力推動人類進入新時

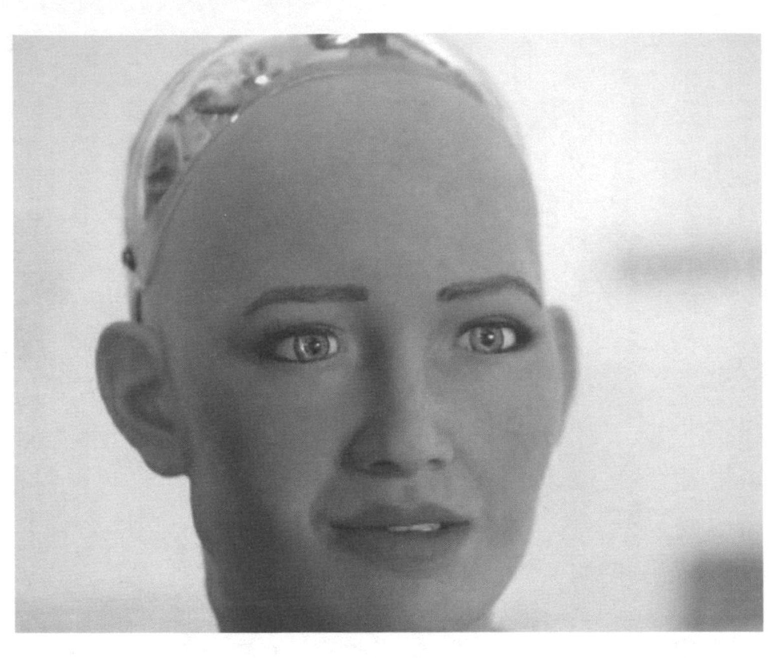

代，提升集體福祉。同時也有人開始擔心另一個問題，就是過程中我們會「失去心靈」。

人類與動物的技術能力差距越來越大，我們因此感覺自己真的獨一無二。然而科學知識的演進反而縮短人類與其他物種的距離，在新一波革命之中，人類與實驗室內的其他生物沒有明顯差別。想要改良人類，最終還是得從生理的與動物遺傳的層面下手，所以我們必須面對自然規則——即便我們有意無意之中早已將其視為危害。

美國經濟學家羅伯特．海布羅（Robert Heilbroner）在其著作《未來的願景》（*Visions of the Future*）中，主張人類社會面對未來的態度可分為三個時期。很久以前，我們以為未來幾乎是靜態不變的。後來受到科技進步的刺激，心裡也多了分自信，我們幻想完美夢幻的未來。現在則因為世界大戰、社會演變速度過快，許多人覺得文明失控，擔憂可能發生的災難，心中充滿不確定感或矛盾糾結。各種負面想像中，最常見的形式之一就是人類外形會被損毀扭曲，原因在於無法掌控的力量，如瘟疫或某種新發明。這種恐懼並非空穴來風，社會上許多聲音對於新科技表達了焦慮，也有很多人將其視為前所未有的機會。種種紛擾就是個警訊，人類選在此時聚焦探尋身為動物的複雜意義並非巧合。

無論形式與程度，只要我們的意識形態試圖否定人類的動物身分，與生物工程碰撞時就會一團亂。二〇〇三年，科學家與企業家合作，比預期更早完成人類基因組的解密作業。其實早在一九一一年，阿爾弗雷德．斯特提文特（Alfred Sturtevant）就成功完成黑腹果蠅的基因定序，但運用在人類身上又是一次破天荒，當時被喻為醫學里程碑和歷史轉捩點。

二〇〇五年，法國科學家亞歷山大・博洛亭（Alexander Bolotin）發表嗜熱鏈球菌（Streptococcus thermophilus）相關研究，發現代號Cas9的新酵素促使微生物能夠辨識和對抗病毒入侵。以此為基礎，生物學界開發出叫做CRISPR/Cas9的新技術，利用酵素作為「分子剪刀」，除去基因組上特定DNA片段。由於DNA有自我修復特性，所以剪除以後也能補上需要的內容，完成基因編輯的目的。相較過去各種方法，CRISPR/Cas9成本低且操作簡便。更動DNA序列可以消除植物或動物的遺傳疾病，甚至創造出新的生物材料或物種。

更早之前，一九七〇年代，合成生物學（synthetic biology）的概念已經生根。科學家結合生物學與工程學之後，認為實驗室可以做出新的基因排列，合成生物學家尼可萊・韋畢齊勒（Niki Windbichler）形容為「根據特定目的進行合理設計的生物系統」。二〇一三年，私人企業約翰・克萊格・凡特（J. Craig Venter）實驗室製造出世界上第一個合成細菌細胞。雖然只是極小的一個細胞，仍舊被定義為人類初次創造出新生命形態。換言之，人類科技已經可以雕塑演化過程，從基因到基因組、從幹細胞到單細胞生物，每個階段都顛覆了過往。

二〇一八年基因工程再創高峰。中國研究團隊成功完成第一次靈長類複製，成果是取名為「中中」和「華華」的兩隻食蟹獼猴。複製過程首先取出獼猴細胞核，植入被剝除細胞核的卵子內，成為胚胎後植入作為代理孕母的成年母猴子宮裡。超過六十次妊娠，只有中中、華華兩個孩子順利誕生。

這種實驗的目的是將複製猿猴用於生物及醫療研究，長遠來看能增進人類的福祉和壽命。有些人認為中中、華華很可愛，但也有人覺得心驚膽寒。人類與獼猴淵源已久，牠們原本棲息在東南亞雨林，時而被當作損害農作的討厭鬼，時而被尊奉為神聖動物。不過獼猴身為實驗動物最大意義在於牠們是靈長類，和人類十分接近。正因為獼猴近似人類所以引發了反感——如果能複製獼猴，當然就能複製人類。

從科學角度判斷，複製人與正常人沒有差異，是同樣生物材料形成的人類。但許多人相信人類與動物有本質上的差異，他們非常厭惡複製人這個概念。石黑一雄（Kazuo Ishiguro）在小說《別讓我走》（*Never Let Me Go*）裡描寫複製人的生活體驗：普通人只不過瞟他們一眼都會「毛骨悚然」。社會上很高比例的民眾符合石黑一雄的想像，只要想到複製人就會產生了生理上的反感。

現階段人類複製作為生物醫療研究，還沒進展到將胚胎培養為能夠行走與交談的人。可是理論上我們做得到，光是這種可能性就踏進了泥淖，也就是我們自認與其他生物不同的那片混沌。無怪乎不久之後就冒出了《聯合國關於人的克隆的宣言》（*United Nations Declaration on Human Cloning*）[38]，起初意圖對全世界下禁令，連醫療用的複製工程都完全禁止，但最終沒能發揮強制約束力。宣言反對「違背人類尊嚴和對人的生命的保護的一切形式的人的複製」。

38. 譯按：此處採聯合國文件標題，故為簡體中文音譯詞「克隆」（即「複製」之意）。

對於複製技術的焦慮早在桃莉羊身上就已經浮現。綿羊桃莉是人類第一次利用體細胞完成哺乳類動物的複製。研究團隊發表成果之後，立刻引發各種討論，信件如雪片般湧向第一線的科學家，許多女性希望擔任代理孕母，為的是複製過世的雙親或其他因生命無常而逝去的親友。進入二十一世紀才開始著手複製老鼠的柳町隆造（Ryuzo Yanagimachi）也收到許多悲慟者的聯絡，他對記者說過這樣的故事：「曾經有一對夫妻，兒子年紀很小就出車禍死了，希望我能收下細胞幫忙複製。」

二〇〇二年，教宗若望保祿二世發表聲明，聲稱複製技術會導致人淪為「平凡的物品」。「若不受道德規範，」他說：「針對生命起源的科學研究會反過來否定人的存在與尊嚴。」大約相同時期，加拿大的雷爾運動（Raelian cult）[39]開始宣揚地球人源於高等外星文明的生物工程，並且匯聚資源私下進行人類複製，認為能夠將社會提升到新的境界。他們找到的實驗對象是因醫院疏失而失去嬰孩的年輕夫妻，但複製計畫最後並沒有成功。

二十年過去了，大眾對於複製技術的恐懼稍微緩和，可是不安與矛盾如影隨

39. 譯按：雷爾運動成立的時間點為一九七四年，最初即主張地球人類是外星文明以生物技術製成。雷爾組織雖對外宣稱複製成功，但為保護小孩所以不公開任何資訊。由於缺乏第三方人士為其背書故無法確認真相。

形。截至目前為止，社會對於複製寵物沒有明確規範，於是哀傷過度的飼主另闢蹊徑。德州就有「寵物基因穿越」（ViaGen Pets）這種業者專門為客戶複製他們深愛的貓狗或特定種類的寵物，收費高得令人咂舌。這種生意能成立，就是因為我們對於複製其他物種並不加以管制。就算大家同意不對動物造成過多苦痛，複製過程中無可避免的死亡卻又成了可接受的代價。

可想而知，無論如何人們勢必會為了商業利益找到法規漏洞。幹細胞技術問世後十年內就廣為人知，非法診所利用未經完整臨床試驗過的治療手段賺進大把鈔票。接下來其他科技也是同樣狀況，背後的驅力是我們的貪婪和悲哀。

二〇一九年十二月，中國科學家賀建奎被判處徒刑和罰金，原因是他的研究團隊對人類受精卵進行基因編輯，使出生的嬰兒先天就擁有抵抗HIV病毒的DNA。世人對賀建奎的實驗反應快速而猛烈，中國政府認定他是「追逐個人名利，自籌資金惡意逃避監管」。但事實上他的行為可以放在大環境的脈絡下檢視。中國大力投資生技領域、力求突破，二〇一五年也曾經有學者違反倫理對人類胚胎進行基因編輯。

稍微研究工業史，會發現人類對於風險預測並不是十分高明。我們擔心的事情常常沒發生，嚴重問題多半都是預料之外。但如果社會上有足夠多的人不認同身為人類就是身為動物，未來趨勢就是透過科技去控制或消除一切我們不喜歡的生理特徵。同樣的，若我們持續以階級思考面對自然特質與傾向，勢必也無法抵擋以科技改造人類的壓力。

生物科技有另一個層面，代表了解放的可能性，尤其受到傳統上遭邊緣化的族群所青睞，例如HIV感染者、身心障礙者，乃至於女性。然而實際發展上，恐怕還是握有權力的少數分子才會得利。二〇一四年，Facebook與Apple兩大頂尖企業都宣布將冷凍卵子當作福利提供給女性員工，之後Google也跟進。《彭博商業周刊》（*Bloomsberg Businessweek*）的整頁報導以標題吶喊：「冷凍卵子，解凍事業。」（FREEZE YOUR EGGS, FREE YOUR CAREER.）這項政策被市場包裝為打碎玻璃天花板的最後一錘。然而如果冷凍卵子就能解決所有問題，女性的身心和財務需求未免也太容易得到滿足。

膚淺的思維

為了強化或修復人類這個有機體，我們將生理機制拆解到最基礎的層面，結果也暴露了過去許多觀念毫無根據。莎拉・富蘭克林（Sarah Franklin）針對社會對生物科技的種種矛盾撰寫了許多文章，她指出：「由於定義生命十分困難，導致我們必須援引好幾種道德模型作為規範，可是它們彼此之間又常有扞格。」

我們向來認為個體擁有自己的生命權，這種想法來自人文主義者如約翰・洛克（John Locke）的自由民主理念。自我所有權（self-ownership）的原則引領許多重要的社會變遷，包括女性解放和廢除奴隸等等。然而，若沒有法律主體存在時，我們真的擁有自己身體的一切嗎？「約翰摩爾案」（*Moore v Regents of the University of California*）就是經典的例子，原告約翰・摩爾的脾臟細胞被拿去製作新藥，判決卻是禁止個人對自己的身體組織宣告所有權。

摩爾先生對自己的醫師大衛・戈爾德（David Golde）、使用他細胞的研究團隊與山多斯（Sandoz）藥廠提出訴訟。可是法院最後認定人對於自己身體的產物並沒有絕對所有權，因為那些細胞，「對摩爾而言並不具有特殊意義……和血紅素的成分沒有差別。」此外，法院也認為案件爭點並非當初取得的細胞，而是利用那些細胞再製的新細胞。判決最主要的考量則在於：法官認為過度延伸財產權，會對醫學研究造成巨大阻礙。

我們無論皮膚或脾臟細胞都是活的，但若沒有技術去運用蘊藏其中的生命特性，根本談不上價值。我們並未從演化過程學會或發展出與細胞之間的道德關係，思考時總是以完整個體為單位，就連法律制度同樣以人為主體。畢竟我們溝通彼此需求時也是從「人」的角度出發，這種文化無可厚非。不過「人」這個概念其實只是從人類整個生命週期中截取一段出來，其界線並非大自然的規則。

社會對於「人」的意識來自實際需求：談判交流、互動學習等技能對於具有生育能力的成年個體極其重要。但這並不代表嬰兒因此價值較低，判斷標準也不在於他們是否能成長為健康個體。莎拉・富蘭克林又提到：「以生物階段建立倫理道德……沒有『解決』背後真正的議題。兩週大的人類胚胎不可否認也是活著的，是生命的一種形式，作為人類的地位不容爭議。[40]而作為人類生命形式，胚胎與卵子、精子、以至於血球細胞也是同等地位。」如果我們能以皮膚細胞轉化為人類，又該如何面對和定義這股看不見的生命能量？

現在有種新技術叫做體外配子法（IVG）。大家比較熟悉的應該是體外受精胚胎植入術（IVF），早期也有許多人對此戒慎恐懼，但目前已成為社會常態。相較之下，體外配子法還很新鮮。十九世紀末，胚胎學家觀察到受精過程，主流意見認為只有受精卵能發育為完整人類。可是後來進一步理解受精機制以後，科學家開發出能夠以皮膚細胞代替卵子的做法，希望能夠為有生育困難的女性找到新出路。二〇一七年，日本團隊成功實行體外配子法，以母鼠皮膚細胞孕育出小鼠。媒體頭條開始想像未來兩個男性也能生小孩、女人不需要男人也可以懷孕。新科技給我們的啟示就是，人類這種生物材料的操作空間很大。

體外配子法問世，代表未來透過診所就能源源不絕製造精卵和胚胎，篩選的樣本不是數十，而能達到數百之多。但同時「大眾恐懼的『胚胎農場』概念再次

40. 譯按：關於胚胎在什麼時間點可以被視為人類或生命有多種論點。例如生物工程方面有所謂「十四天原則」，認為第十四天是個體發育起點，或許開始有痛覺，因此實驗用胚胎不可存活超過十四天；流產爭議上則有人認為胚胎在第八週有心跳，此刻開始不應實行人工流產手術；宗教民俗針對「靈魂何時進入肉體」也各有看法。

浮現，也會激化背後代表的人類生命去價值化議題」，二〇一七年那份研究的作者如此說道。

相信靈魂存在的人非常憤慨，認為我們不能如此堂而皇之介入神的造物設計。遵奉人文主義尊嚴精神的人則充滿期待，認為人類能得到新的提升。至於研究過程中遭到傷害的其他物種，那都只是文件上的數字而已。從幹細胞到基因組，人類在實驗室創造出新物種，於是各國政府以及研究機構紛紛成立倫理委員會，試圖對這些生命體進行分類和定義。從判例和政策來看，倫理規範的模糊地帶總是會被有心人利用。技術突破了，但思維重點並沒有改變，我們依舊認為人類是道德規範的特例。即使為了醫療研究也不可以殺人或傷人，原因多半著重在認知能力，例如我們有覺知、有理性等等。然而擁有部分人類腦細胞的嵌合體生物，要怎麼歸類？

現行規範容許科學家在包括豬和猴這些特定動物身上嵌入人類細胞，目標是製造能取用的人類器官。可是很少有人擔心可能發生的變異：萬一接受基因轉殖的個體發展出人類特徵，尤其是認知能力時，該怎麼辦？英國醫學科學院（UK

Academy of Medical Sciences）二〇一一年發布的報告標題為「含有人類基因材料的動物」，內容明確反對科學家對動物腦部或外觀實施大量改造而使其「更像人類」。

二〇一八年九月，美國衛生研究院一反過往立場，表示若缺乏科學與社會層面的完整評估，將不再支持「人類動物嵌合體」（human-animal chimeras）相關研究。聲明特別指出，人類腦細胞改變動物「認知狀態」是個值得憂心的問題。態度驟變是因為確實有人動手實驗，資助者還包括加州州立的幹細胞研究機構，科學家將人類幹細胞注射到動物胚胎，再送進孕母體內。

實際上基因轉殖動物的歷史可以追溯到一九七四年。研究者將DNA病毒植入小鼠胚胎，以確認操作過後的基因會在所有細胞顯現。之後基因轉殖又因為不同目的被運用在大鼠、山羊和豬。或許這些基因嵌合體還談不上「像人類」，也就不會招致道德困境，然而已經有研究發現，混入人類腦細胞的小鼠嵌合體，學習與記憶能力明顯優於一般小鼠。蘇菲亞．魯斯（Sophia Roosth）是最早察覺其中灰色地帶的歷史學家之一，她花了幾個月時間跟在遺傳學、合成生物學家身邊做研究，很清楚實驗過程衍生的迷惘。「實驗室研究人員常常提出的疑問是，」她說：「『這到底算是什麼生物？』混合不同血緣和基因的新生命形態代表什麼意義？」哲學家邁可・桑德爾（Michael Sandel）也表示新科技「會引發道德困惑……逼迫我們面對現代社會遲遲不想碰觸的問題，也就是自然本身的道德定位，以及人類究竟如何面對客觀世界」。

我們對生物界、對自己身體的加工帶來了兩難問題，難處並非在於經濟、資源、資訊的層面，而是呼應人類試圖遺忘的領域——兩千多年來，我們不斷否定自己的動物性，但現在握有生物科技這股新力量，我們不得不重新學習自己是動物這個事實。至今仍有許多人認為人類利益與自然界互不相干，卻同時有很多人因為畏懼新科技就聲稱自然狀態最好。其實我們和香蕉都有一半基因重疊，如果植入某種兩棲類基因能增進免疫力，抗議反對的道理是什麼？

透過新科技，我們清楚看見人類並沒有獨一無二的本質，與其將動物視為基因載具，不如視之為基因組的殖民地。生命這個概念本就流動可變，充滿狂想，蘊藏無限可能，隨便一小步都有可能踏進前無古人的境地。幾年前資深遺傳學者喬治・丘奇（George Church）曾引起一場論戰，因為他不小心說了個比喻：若找到一位「勇於冒險的人類女子」當代理孕母，理論上就能生出複製的尼安德塔人嬰兒。後來為了平息眾怒，他設想新情境是改造其他靈長類，讓母黑猩猩產下帶有尼安德塔人基因的混血種。很多人覺得丘奇失言，但話不動聽不代表就說錯了。達爾文都走了超過一百年，人類依舊不肯面對自己。

丘奇那番話玩笑意味居多，不過藏在背後的事實是，復活其他物種需要人類基因。美國心理學教授大衛・巴拉什（David Barash）提出的思想實驗同樣一針見血：他主張人類應該製造人類和黑猩猩的嵌合種，目的是教導「人類認識自己的本質」。他的論點轟動國際，而我們不禁得思考人類的可塑性是否和黏土一樣高，或許本來就混有其他動物的基因，也可以根據需求加以重編。

如果利用生物化學手段就能控制從性別到物種等各式各樣的特徵，一個生物似乎就沒有所謂的本質可言。複製動物、體外配子法這些新技術之所以令人不安，正是因為它們能使人類與其他動物地位對等。我們不再是什麼奇蹟，只是同樣能被篩選改造的生物材料，未來可能被用在現階段難以想像的地方。生物科技強而有力提醒了人類：我們不只來自自然，也「屬於」自然。身為動物，我們有許多特徵會流動變化。不要試圖在蛻變之中尋求不變的本質或善惡，否則只會找到深不見底的矛盾。

第三章
心智內戰

有自然存在的人，但在這個人裡面又出現人造的人，於是雙方內戰不休直到生命盡頭。

——法國啟蒙思想家德尼・狄德羅 Denis Diderot

論「人格性」[1]

數世紀以來的假設是，人之所以異於萬物在於我們會思考。然而對於何謂「思想」、「智識」、「意識」又莫衷一是。今日法學與倫理學上採用的生理特徵，主要根據人具有獨特心智能力的價值，經常以「人格」的概念統稱。

法律定義上有自然人和法人，前者是負有權利義務的人類同胞，後者是受法律規範的社會實體，如企業。哲學上，人的概念是指經驗的主體意識；意思是，我們的記憶和知覺，自我感覺和自主性，正是自我的本質。

多數人可能覺得人格就是指一個人。有些人將人格性延伸到寵物或其他動物，認為牠們同樣具有意識。不同文化對人的本質與體驗有全然不同的詮釋。無

1.譯按：此處「人格性」原文為 person（或 personhood），也就是哲學上「作為人的個體的狀態」，而非性格或品格的近似詞。

論如何，我們彷彿覺得有個「我」在思考，所以我根本上就是思考的我。換句話說，心智造就了人。「人格」具有心智能力，推展到極致才有理性、智慧和道德。這個內在人格能夠遵守法律、擁有財產並成為國家的國民。由此出發，建構出蔓延整個星球的文明體制。

由於這個人格性（心理經驗）被視為是最重要的，相對的其他動物經驗或物理現實就不那麼重要，甚至有別於我們真實的自我。

亞里斯多德認為人類心智似乎是「截然不同的靈魂，如同永恆與無常的差異」。短短一句話解釋了為什麼人類會穿著衣服討論哲學，其他動物卻還停留在原始狀態。自從我們留意到人類和其他動物生活模式的差距，「靈魂」的概念浮現。眾人相信所有生物都有靈魂。[2]

不過就像哲學家海倫．斯圖爾德（Helen Steward）說的，我們對亞里斯多德的詮釋可能不大公道。「亞里斯多德或許是誇大了靈魂的理性層面，但是……他說的靈魂（psyche）並不是某種**東西**。」從亞里斯多德的角度，如果將人類視為動物，那人格也一樣是動物，並不會成為獨立而抽象的存在。可是他字裡行間的

2.譯按：事實上天主教很長一段時間不認為人以外的動物有靈魂，例如教宗庇護九世明言動物沒有靈魂和良知、死後不會進入天國。但近代幾位教宗發表過不同觀點。

細微意義被忽略。中世紀社會經歷大量對上帝本質的神學辯論後，以「理性的單獨個體」（individua substantia）來定義人。一六八九年，洛克又將人格定義為，「會思考、有智能的生命，具有理性，可以反思，並且能夠意識到自己在不同時間地點，都是同一個具有思考能力的個體。」[3]

循著這樣的思路，我們的思想和記憶都像靈魂一樣與身體脫鉤。它為人性的荒蕪帶來一塊補丁，底下則是天性的愚昧與不道德。如果我們和其他動物共享的特徵無法定義我們，那麼人類的道德就是一種絕對性。如果我們可以證明其他動物沒有這種心智特質，我們就不只是道德的行動者，也是道德的主體。

時至今日，人格的概念已牢不可破，大眾認為顱骨內的靈魂是公理正義的象徵。我們少了它就沒有太大價值，有了它等於擁有自決權，也就能成為主體、公民、道德行動者，脫離自然束縛，進入理性造就的自由。但在生物科技與人工智能的年代，有些事情不得不考慮。現代文明判斷事情的依據是過去幾千年的經驗，我們學會尊崇不具實體、混沌曖昧的抽象智能，認為人類因此得到自我覺察和覺知的能力。問題是，究竟哪些條件構成人格卻沒有定論。人格的必要條件是

3.譯按：洛克對「人」和「人格」的定義並不相同。他認為「人」這個觀念不包含理性，主要是特定的身體形狀和大小。僅有理性（靈魂）也不會成為人，人必須有一定形狀的身體，所以最理性的鸚鵡依舊是鸚鵡。反過來說，有特定形狀身體但不具理性，也可以稱為「人」，只是沒有「人格」。

語言？是聰明或道德？是否限定物種為人類或具有軀體？事實上我們一直不知道人格是什麼。這不代表自我意識是假的，而是自我意識並非可以抽取和測量的東西，我們卻以幻影般的概念賦予自己法律和道德地位，排除其他動物。

有些人認為人格是人類獨特的關鍵；也有人認為任何東西都能具有人格，因為它只是物理上的幻覺，智能足夠強大的機器便能夠再現。主張人類獨特那一派，相信顱骨內的靈魂使我們成為人類；另一派則認為人類可以製造出靈魂。雙方唯一共識在於動物的身體價值很低，甚至沒有價值。如果我們抱持這種世界觀，將自己的身體、其他生命形態逼入絕境又有什麼好意外。

心理權衡

民智更開放後，我們察覺到人格和人格性的概念不大說得通。假如人格性的重要特質在於擁有自我意識，那麼它出現之後會如何？一直以來我們不去探究動物可能具有人格性，也不常思考自我意識出現代表什麼。人格性之於我們究竟有什麼意義？可以肯定的是，人格性並不僅僅是我們自己的心理活動。除了理解自己，我們也得理解他人。與其將之視為靜態存在，不如視作一種行動。

為了生存，演化賦予我們對個人身體與經驗的認知，進而我們能夠推測別人的體驗。心智似乎是心智的產生器。我們變化出動機、需求和經驗的豐富知識，也懂得觀察與理解別人。所謂的人格性不只是認識到自己擁有心智、思想和體驗，也知道別人同樣如此。人類必須透過自己去瞭解別人。這種對自己和別人的理解，帶來了我們所謂的道德。當我們論及慷慨時，我們能夠想像、觀察另一個人的生活經驗。實際上對象不限於人類，我們也可以想像其他生物的生命，甚至進一步推敲機械的處境。

我們有理由相信這樣的經驗是開放式且充滿可塑性的。我們的智識來自身為動物與環境的關係。包裹在動物身體內的許多種心智過程結合為思想，而人類為思考能力取了個名字叫做人格性。這個朦朧的認知包含情節記憶（episodic memory）[4]、影像畫面以及荷爾蒙。遠古時代具有攻擊性的靈長類之所以能群聚相處，依賴的就是這種認知。我們理解另一個人或存在個體也具有心智、思考和

4.譯按：又稱為事件記憶，是自傳式的記憶，可以與特定的時間、地點、情感和背景知識產生關聯。與其相對的「語意記憶」是對於事實的客觀理解，與個人經驗無關。

感受。不過真正定義我們的似乎是，人類的社會關係可以急遽轉變。

人類的演化史因此藏著無數衝突與結盟的暗流。哺乳類獵食者常常具有高度社會性，熊如此，人類也是如此。說我們是社會性最高的獵食者亦不為過，人類表現出的合作能力異乎尋常，大型聚落成員不一定有血緣關係。單論靈長類，人類的互助程度還是特別出色。然而社會性時常具有反制傾向或機制。我們理解他人的意願有其極限，若想利用或攻擊對方時更是明顯。所以人類行為裡有許多機制，有些促使合作，有些則造成漠視。人類的社會心理非常柔軟，擅長尋找盟友，卻也容易轉換陣營。那是藏在我們心中難以駕馭、充滿算計的一個面向。

觀察人類互動的千變萬化，早就能夠看出端倪。多數個體都會展現出爭奪、憎惡、同情、羞恥、企圖、矛盾等等行為，只是細緻紊亂的內心動機被隱藏在社會常規底下。透過共有的符號象徵，人類展現高度合作，完成各種親密或複雜的任務。我們願意幫助車子拋錨的陌生人，懂得齊心協力搭建橋梁橫越寬闊水域。不過看看網際網路，本該是團隊合作的終極典範，卻變成人性醜惡的觀摩場域。大眾可以散播歡樂和愛，結果卻走向數位部落主義。

每個鐘頭裡都有數以百萬計的人類彼此合作與溝通。然而根據心理學家羅伯．費德曼（Robert Feldman）的研究，每十分鐘的對話裡，大約六成的人至少會撒一次謊，整體平均則在二次到三次間。男性和女性撒謊頻率差異不大，不過「女性較傾向為了使對話對象感受良好而說謊，男性則常常為了自己的形象而說謊」。在另一份研究中，測謊專家查爾斯．宏茨（Charles Honts）判定人類社交場合大約四分之一都是謊言，雖然有時是奉承或委婉，但重點在於人際關係本就充滿欺瞞。演化生物學家勞勃．崔弗斯（Robert Trivers）與心理學家丹．艾瑞利（Dan Ariely）各自針對人類欺騙的行為進行研究，都得到同樣結論：人類不只對別人說謊，對自己說謊的比例更高。背後邏輯是，先說服自己，才更容易說服別人。

上述還沒提到人類對彼此造成的傷害。「物化」（objectify）是現代社會極為嚴重的不公義現象。關於物化的許多認識，來自啟蒙時期人文主義者。繼康德之後，又有美國哲學家瑪莎・納思邦（Martha Nussbaum）分析物化的幾個特徵，其一是將對象視為達成目的之工具，否定其人的身分或人格性。許多研究顯示遭物化也就容易被去人格化。換言之，如果我們想利用對方，會傾向認為對方不具有意義的思想與感受。

權力結構的些微改變能一瞬間顛覆人與人之間的關係。一九七〇年代，社會心理學家大衛・基普尼斯（David Kipnis）推論當權者會貶抑低階層的人。實驗中，研究人員指派部分受試者為主管，主管中又有一半被告知可運用「額外」的權力。結果發現，自認權力較大的人幾乎都受到影響，出現犧牲下屬的行為。同時期，心理學家菲利普・津巴多（Philip Zimbardo）設計了模擬監獄（著名的「史丹佛監獄實驗」），實驗中扮演獄卒的大學生展現壓迫獨裁的一面。如果放在政治鬥爭的情境下，去人格化的傾向更為顯著。南非種族隔離時期的火鏈刑（necklacing）[5]就是一例；二十世紀初美軍也對反抗的菲律賓人採取水凳刑（waterboarding）[6]。無論何時何地，人類社會的暴虐火種未曾熄滅。

我們思考靈長類動物的結盟行為時，很少承認這些傾向。我們認為是社會與歷史因素導致特定結果。政治和法律制度也從未將動物性納入考量。這種自信十分脆弱。設想若人類演化出另一種生命形態會是什麼光景：如果我們成了「真社會性」（eusocial）[7]昆蟲，財產權觀念要如何調整？這個詞主要指稱高度組織化的社會，常見於高度連結的昆蟲巢群，由一個雌性或一個階級負責生育下代。而像管水母（siphonophores）[8]那樣乍看是一個生命，實際上由千萬個個體組成群落，人格性又要怎麼詮釋？由半自主成員構成群體的生物，主觀經驗和成員之間的義務就與人類社會非常不同。當我們理解自然歷史對於價值體系影響深遠，才能承認人類的價值觀奠基於生理特徵。

無論是不同時間下相同的理性個體，還是具權利義務的自決的個體，我們的

5.譯按：一種殘酷私刑，在犯人胸頸與手臂套上灌滿汽油的輪胎後點火。由於輪胎是橡膠材質，受刑者煎熬二十分鐘以上才會死去。

6.譯按：簡稱水刑，將犯人綁於長凳，腳高於頭，面部蓋上毛巾，用刑者朝其面部澆水。由於角度和毛巾阻礙犯人吐水，會產生溺斃感。

7.譯按：最常見的例子為螞蟻和蜜蜂。

8.譯按：由大量異形個體（有性世代水母體及無性世代水螅體）構成的群聚生命體。異形個體有獨特形態與高度專門化功能，必須相互仰賴方能生存。

定義都只是將人格性塞進一個形狀不對應的肉體中。所謂「有人格性的人」並非來自理性，而是一種自圓其說。我們在心中創造人格性是為了同理別人，我們在心中扭曲人格性是為了壓抑同理心。有時即便證據確鑿，我們依舊否認其他生命體也擁有心智。

從我到我們

人類社會心理的起源目前尚無定論。動物的生活狀態就像做工繁複的編織，要獨立拆解出一條線難上加難。如果將時間拉回兩百萬年前非洲南部與東部，氣候開始變冷、植物漸漸變少，無論人類先祖或其他物種都需要新策略才能存續。早期靈長類的腦容量與現在的黑猩猩相差無幾，演化為直立人時增加一倍。現代人的腦容量約為黑猩猩三倍，但比尼安德塔人稍低。

人類學家史蒂芬・奧本海默（Stephen Oppenheimer）特別引述莎拉・埃爾頓（Sarah Elton）的著作，認為其內容能夠撼動「人類自以為的獨特」。埃爾頓測量遠古靈長類的腦部大小，樣本期間從一百萬至兩百五十萬年前，包括人族下的人屬和傍人屬（Paranthropus）[9]，以及獅尾狒狒（Theropithecus）。獅尾狒狒主要吃堅果、果實和塊莖，腦容量沒有顯著變化，但人族的兩個分支則不同，腦部成長很明顯。有趣的是，根據推測傍人屬應該是素食者。只要不是將觀察局限在單一演化路線，很容易察覺應當有某些因素持續造成智能被天擇保留。

有派理論認為，部分靈長類動物在更新世遭遇被獵食的極度威脅，也就是取得食物的條件更不穩定。為了因應環境演變，這些靈長類組成大團體並協調行動，結果就是他們開始著重社會學習，趁活著的時候傳承有用的行為模式，而不是如往常純粹依循本能與習慣。這種推測符合我們在黑猩猩身上觀察所見：牠們會使用工具、懂得社會學習，在缺乏食物來源時表現尤其明顯。

當然沒有人能確認史前世界的實際情況。不過傍人屬已經消失，他們也走上腦容量擴大的路線，若能生存下來會發展成什麼樣子值得玩味。現在人屬底下只剩我們了，推敲起來或許自我意識、判斷別人心理狀態這些特徵對祖先很重要，他們藉此理解、學習、反思、決定行為模式，因為群體生活不只帶來優勢，還是

9.譯按：雙足行走的史前人科成員，可能是由南方古猿演化而來。

生存所必需。然而若因此以為人格性由合作產生，恐怕是誤會；人類的確是需要群體生活的社會性動物，但不能過度簡化其背後意義。

雖然是個體的集合，人類並未因此形成超有機體。我們的群團性總是有附帶條件。必須瞭解到人類並非什麼場合都會互相合作，才能更清楚理解我們的心智狀態，而且不限於個體，可以推演至團體本身。團體成員會互助，但不會無上限，畢竟彼此之間還要競爭。事實上，合乎邏輯的推論是，智人之所以成為人族最後物種，競爭勝出固然是理由，祖先們大概也殺死了族內其他分支。古生物學家尼克・隆瑞奇（Nick Longrich）表示：「大家時常想像另一個像我們這樣的智能物種……可悲的是，人類真的曾有同儕。」

人隨著年齡而發展的自我覺察、記憶與反思能力，毫無疑問是因為身為群體動物而一步步強化。作為一個人不僅僅是生物現象，也是談判與重塑關係的動物性現象。以人類而言，調節機制在於我們想要與對方建立什麼樣的關係。決定因素不是合作本身，而是合作的不同形式。兩者差距很大：我們的主觀促成了自我分析以及分析別人，但再向前跨一步就會看見黑暗面。

coalition（結盟）這個字出自中世紀法語，原本意義是「不同部位合在一起」，再往上追溯則是古老的團體概念，以及拉丁文裡的團結。行為生態學家的研究主題之一，就是動物間常見、被文獻稱為結盟的現象，也就是不同個體組成團體，為共同目標努力或對抗共同敵人。這種複雜的行為通常出現在高社會性的物種，如海豚、黑猩猩和我們人類。

對於如獅子這樣的動物如何合作及為什麼合作，有難以數計的研究。近期的研究焦點轉向人類之間的暫時性結盟。與其他動物相仿，我們與看來同陣營的人合作、對抗不同陣營的生物，目的是保護自己。結盟與不同團體的敵對是人類社會的普遍現象，尤其男性間更頻繁。美國心理學家約翰・托比（John Tooby）與莉達・科斯米德斯（Leda Cosmides）研究主張，我們以為人類獨有的行為，包括共有文化、對自己和他者的理解、發達的道德系統等等，從社會生態學考量都是為了結盟。托比與科斯米德斯認為結盟以多種不同形態實現，包括倫理、宗教、階級、幫派、社團、比賽、電玩，最激烈的則是政治與戰爭。按照托比的說法，結盟這個現象「豐富多元」，但前提是有某些機制促成短暫合作，尤其若社

群內同時有親屬和非親屬存在，且成員有多種不同傾向與動機，還有一個持續變化的背景。

結盟策略如何適應環境變化是學界仍有爭議的問題，但各個研究結盟的團隊都相信有這樣一個過程存在。強納森．海特（Jonathan Haidt）與杰西．葛拉罕（Jesse Graham）針對道德提出一套理論，他們認為人類祖先進行團隊協調時，就已經展現出原始的道德直覺，這種直覺是後續各種道德信念與價值觀的根源。兩人推論道德直覺是先祖們支撐社會秩序與團體生活的工具，因而有了適應優勢。如果大家都遵守一套內在的道德規範，動物團體內的衝突將會減少，合作增加。另一個適應元素或許是將個體擴大到群體與社會。

其他研究者的思考重心在於，靈長類動物的體型相對弱小，怎麼和獅子鬣狗這類掠食者抗衡。麥可・托馬塞洛（Michael Tomasello）針對動物如何團結、協調任務和時間提出見解。他指出領航鯨、殺人鯨、海豚、栗翅鷹、狼、狐獴都有合作行為；換言之，牠們一定能認知自己的存在，也能察覺團體中其他個體的意圖。然而人類的情況不同，我們為了合作而共享思考，結果產生了「集體意向性」（collective intentionality），也就是從「我」轉為「你和我」，再變成「我們」。根據這套理論，團體生活變成共享活動，進而創造出共享的世界觀，或者如某些學者臆測，團體有了共享心理與近乎共享的人格性。

可是策略與社會行為並非穩定不變，會隨條件擺盪，從個人到團體的每個層面都充滿衝突可能性，源自遠近親疏、男女這類立場分別。單從人類為雌雄異性這一點來看，就不難想見會有動機與策略的差異。人類男女的肌肉發展不成比例，尤其上半身強度平均值男性比女性高出百分之七十五，跨文化調查發現男性

的確更傾向以肢體攻擊作為手段。

性交機會就是關鍵場合。所有成員的利益與行為能夠完美協調時則沒問題，但觀察所見並非總是如此。印度各地都有長尾葉猴，牠們身材苗條、黑色小臉外面覆著白毛，神似睿智的部落長老。許多哺乳類動物在發情期會刻意展現生殖器，膨脹、變紅、散發荷爾蒙以求吸引異性，不過雌性長尾葉猴和人類女性一樣並未如此。多數隱藏排卵期的物種都有一定程度的濫交，伴隨而來的可能性是雄性可能殺死與自己無血緣關係的下一代。此外，具有這種行為模式的物種，子嗣大半需要父母全天候照顧，兩性都在育兒過程中扮演重要角色。

雌性一旦生育就有至少好幾週的時間必須面對極大壓力，靈長類動物學家莎菈・布列佛・赫第（Sarah Blaffer Hrdy）針對這點做了許多研究，於是我們對過程中的合作與衝突有了更深的理解。同時期，帕斯卡爾・加尼奧（Pascal Gagneux）觀察發現，五成的黑猩猩幼兒的父親並非同部落成員，母猩猩會在發情期偷溜出去，幾天後才返回。換言之，知道自己可以懷孕了，母猩猩會嘗試避開部落成員的耳目，到其他地方尋求性交機會。認知科學家丹妮絲・科明斯（Denise Cummins）指出：「這或許是發達智力影響生殖成功最明顯的例子。」

至於人類，男性女性之間的結盟模式又有所不同。個體間權力移轉最明顯的因素之一，是資產共享或獨占，而資產就包括了大家想生孩子的對象。狩獵採集社會著重男性間的合作，但到了複雜社會的初期，如阿茲特克與印加文明，地位較高的男性則能獲得更多女性。資源需要共享的情況註定走向平均分配；但資源能被獨占時，為了爭奪權力就會捨棄寬容與體諒。

英國生物人類學家里察・藍翰（Richard Wrangham）認為，人類先祖與黑猩猩分化之後，團體生活的演化過程可能含有自我馴化的成分。深入觀察馴化的表型之後，學者發現天擇保留的未必是特定合作行為，有可能是情緒或侵略性的系統。達爾文和法蘭茲·鮑亞士（Franz Boas）都發現人類有共通的馴化表型，近期還有西門·柯比（Simon Kirby）與詹姆斯·湯瑪斯（James Thomas）針對孟加拉十姊妹鳥、狐狸、狗的研究也得到類似結論：馴化時間越久，肢體和聲音的溝通越多，侵略性則越低。

侵略性在神經基礎層面具有高度的跨物種相似性。但里察·藍翰強調，不能據此認為所有侵略傾向都一樣，比方說主動與被動就有區別。被動攻擊是遭受直接威脅的回應，主動攻擊的目標則是控制或脅迫對方以得到統治權或地位。黑猩猩無論主動或被動攻擊性都很強烈，但人類是低被動攻擊、高主動攻擊，原因在於大腦皮質調節作用。這也顯示出人類互動過程中有某種改變被沿襲下來。藍翰推測人類的男性祖先殺死了對團體凝聚有害的個體。但這些改變也有可能來自擇偶偏好，無論是因為性還是互動。心理學家艾麗莎·梅里斯（Alicia Melis）發現黑猩猩兩兩一組做事的話，雙方的脾氣會影響結果，也就是需要合作的時候，兩隻高容忍度的猩猩搭配才容易成功。

無論人類經過怎樣的發展過程，跡象顯示祖先們合作達到一定程度之後，他們就成為了一種篩選機制。一九七〇年代生物學家里察・亞歷山大（Richard Alexander）在其著名論文〈社會行為演化〉（The Evolution of Social Behaviour）中已得到此結論：「人腦在社會合作與競爭中演化。」互助團體間免不了會有欺瞞，成員透過分享食物與理毛這些行為私下建立交情，恩惠可以日後再討。團體內所有成員之間不斷進行評估、再協商。能夠猜測別人心理是有用的，自我控制也是必要的。

亞歷山大認為社會競爭之所以一直在演化中發揮篩選作用，是因為離開群體的風險太大。不過這不代表一切都是利益考量。社會階層在競爭與合作間變動，早期人類應當經歷過許多次。若考慮到跨群體的互動，心理層次更為複雜難料。一九七六年，英國哲學家尼克・亨弗瑞（Nick Humphrey）在論文〈智能的社會功能〉（The Social Function of Intellect）中提出見解，認為人腦與其「脫軌的智能」為了因應社會互動的多變而演化，彼此之間可能發生了某種「軍備競賽」，然後隨時間演進，久而久之決定了留存下來的人類是何種意識狀態。有些特質對個體自身有益，卻不一定能滿足團隊內其他人的需求。透過社會學習、使用工具、團體協調與撫養後代，人類降低了達爾文所謂自然的敵對力量，結果卻由人類自身取而代之：對我們而言，當務之急不是適應惡劣環境，而是適應同胞。

唯有認知到人類是社會性靈長類動物，世界觀與人際觀隨著自己想要的關係轉變，才能放下無謂的虛飾偽裝。我們的社會心理不僅決定了我們與其他生物的關係，也深刻影響我們對待彼此的方式。無論人際關係或其他生命的定位，之所以採取階級思考乃是傳承自祖先們的社會行為。

洞壁上有蛇

時至今日，對人類獨特性的詮釋方式可能導致嚴重的社會歧異。然而對地球上其他生命而言，結果沒有不同；其他物種只具有限價值，牠們的存在未達意義的門檻。根據主流的世界觀，唯有人類因為靈魂或心智而獨一無二，甚至接近永恆。只有人類具有人格性，只有人類需要被尊重，只有人類的生死真的有意義。

其他動物沒尊嚴地死去或遭到宰殺也無所謂，牠們在我們心中的地位就只有那樣的程度。

撇開這種價值觀是否合理，對於將動物作為工具使用，導致牠們受苦或死亡的人而言，這樣的觀念早已見怪不怪。然而另一方面，人類花了大把鈔票照顧陪伴動物，為牠們取名、慶祝牠們生日、哀悼牠們過世。黃金獵犬可以睡在我們的床腳邊，但牠並不比主人當天吃進肚子裡的豬來得更聰明更特別。差別在於黃金獵犬被當成夥伴。狗和豬的共同點在於其價值是由人類主觀決定的，基準是人類想要與牠們建立的關係。狗被視為朋友，於是狗有身分，甚至某種程度上是有心智的。豬明明也有知覺與感受，卻可以被擊暈，掛在軌道上讓屠夫割開頸動脈放血。多數這些判斷，關乎我們對其他動物的心智與經驗的想法。

我們心知肚明。人類遇上外星智能的娛樂電影之所以迷人，是因為我們想像這些非人的生物具有人格性。在奇幻世界裡，我們瞥見自己對另一種類人心智屬性的判斷。以這種方式看待其他具人格性的個體，仰賴複雜的生物過程作用。不意外的，同樣充滿偏見。

我們稱觀察自身的行為、在工作記憶中建立內在認知的能力叫做「監控」（monitoring）。這樣的能力讓我們可以根據自己的思考和記憶調整行為，也就是在腦海中想像自己會怎麼做，於是和他人互動時會有更大彈性。不過心理學家邁克爾・科爾巴利斯（Michael Corballis）與湯瑪斯・蘇登道夫（Thomas Suddendorf）發現人類記憶十分不可靠，似乎並非僅僅作為記錄工具而演化。配合神經科學家丹尼爾・沙克特（Daniel Schacter）的理論，科爾巴利斯和蘇登道夫兩人推論大腦記憶的「功能是建立個人敘事，或許也是自我概念的基礎」。

自我概念建立在內在的聲音，以及與他人對話中能維持自己的身分。換言之，我們支撐自我這種概念的工具就是敘事。同時沙克特與另一位研究者布蘭登・蓋瑟（Brendan Gaesser）還有別的發現：心像（mental imagery）的意義不只是記住過去、想像未來，也關乎道德抉擇。儲存在腦內的畫面會融合，構築為跨越時間與空間的自我。舉例來說，遇上有人受苦的情境，若能想像自己幫助對方或想起過去助人的經驗，就能提高伸出援手的動機。

可是要想像自己幫助別人，我們需要能夠瞭解對方的心思或經驗。這種能力有時稱作心智化（mentalizing），有時稱作心智理論（theory of mind），烏塔・弗里斯（Uta Frith）與克里斯・弗里斯（Christopher Frith）建立理論模型呈現人類如何想像自己之外的心智。一歲半的幼兒已經初步發展出推測別人心理的概念，五、六歲的兒童則明確認知到其他生命的意識狀態。大腦的內側前額葉皮質、顳極、後顳上溝這三個區塊時時維持啟動狀態，兩位學者認為這些腦內部位與觀察判斷另一個體的思考有關，在整個複雜處理過程中各自扮演不同角色。還有顳上迴原本就被視為詮釋視覺社交資訊的關鍵，或許兼有偵測的功能。

最早觸及這方面研究的是美國心理學家大衛・普雷梅克（David Premack）及其同僚蓋伊・伍卓夫（Guy Woodruff）。兩人發表的論文名為〈黑猩猩是否存在心智理論？〉（Does the Chimpanzee Have a Theory of Mind?）。既然推敲其他個體的心智狀態對人類如此重要，於是普雷梅克好奇其他靈長類身上是否有同樣現象。之後弗里斯夫婦與其他學者獨立出內側前額葉皮質，此部位功能為「將自我與他人的心智狀態與現實脫鉤」。心智化不只是理解自己的思考、感受、信念，也牽涉是否能成功猜測別人的心理狀態。

我們可以假設這只是將主觀的心智帶入別人身上，但我們似乎能夠將之延伸到各種智能存在。透過這種方式，另一個「心智」可以將意向展現在任何事物上。無論哪種方式，一旦個人的概念存在以後，表層意識與潛意識開始建構各種行為。記憶遭到大腦編織、甚至扭曲以後，創造出想像事件與未來的社會互動。關於心像是否能被刻意用於誘發神經化學反應始終令人存疑。羅伯特・貝德納里克（Robert Bednarik）認為視覺歧義性（visual ambiguity）在具思考能力的動物身上確實存在操作空間，例如看見樹根卻以為是蛇。「過程中涉及的認知模式深植許多動物物種的心理，例如一看見類似猛禽的影像就要趕快逃走。」或許我們為了利用類似機制的效益，便將敵人想像為具威脅性的動物。這種操作可以有很多種形式。

我們的體內有多種荷爾蒙，比方說催產素會由下而上改變心智的處理程序，而心智本來就會調整自上而下的處理程序。[10] 荷爾蒙對我們的行為有很大影響。卡斯滕·德魯（Carsten De Dreu）的研究指向神經生理也有負面效果，有些機制原本幫助生命體分辨敵友、判斷目標是食物還是配偶，但啟動以後不僅擾亂我們自己的思考，也降低我們理解別人的意願。從生理層面關閉理解，手段之一是在同團體內「強化腦對腦同步」。這個過程會增加特定荷爾蒙分泌，例如催產素這種與人際連結相關的類型。很多人聽到催產素就以為是「愛情」荷爾蒙，但科學家發現它另有功能：陌生人的苦痛原本會勾起本能反應，然而催產素會降低刺激程度。也就是說，催產素不只誘使我們與人連結，也鼓勵獨占。德魯據此認為這也是一種間接自衛，避免我們同理競爭者或利用對象。當然，之後人體依舊可以產生同理心荷爾蒙並打破群體藩籬，只是沒人能保證會不會發生。

10. 譯按：自下而上的程序是從刺激輸入而觸發內部認知；自上而下的程序則是以舊有經驗作為辨認依據。

既然人的心像、對他人心智的理解能觸發不同的神經化學反應與行為，就不難解釋那些普遍卻又最糟糕的習慣從何而來。我們最惡劣的行徑之一就是非人化、將目標對象視為動物或心智情感能力有限的個體。這麼做就是採用其他動物的形象，尤其是我們恐懼或覺得噁心的物種。亞伯特・班度拉（Albert Bandura）的研究團隊針對道德疏離機制進行實驗，他們要求受試者電擊別人，結果發現當對象被描述得較不像人類時，電擊次數就會增加。

康德是最早留意到非人化概念的哲學家之一。他認為非人化就是將對象當成工具，而不是具有內在價值的個體。康德之後僅有少數哲學家繼續關心人類行為的非人化層面，不過大衛・李文斯頓・史密斯（David Livingstone Smith）重啟了相關討論。他在著作《非人》（*Less Than Human*）中引用英國國教牧師摩根・戈多溫（Morgan Godwyn）十七世紀描述非洲奴隸的文字：「不具靈魂的動物，既已淪為野獸，就只能當作野獸對待。」這是非人化最殘酷最極端的表現，不僅降低同理心，還激發出暴力傾向。而人類確實可以以族群為單位被剝奪心智，遭到虐待和殺害。一九九三年，千丘自由電視臺（Radio Télévision Libre des Mille

Collines）的節目中出現這種句子：「大家一定要殺光圖西族，他們跟蟑螂沒兩樣。」接著就發生了盧安達大屠殺。二十年後，匈牙利著名的右派記者佐特．拜爾（Zsolt Bayer）提及匈牙利吉普賽人時則說：「羅姆人（Roma）[11]是禽獸，行為也像禽獸……不該容許這些禽獸存在。」

從李文斯頓到後來幾位，問題都出在於本質這個概念。他們認為每種生物都具有無形本質不可撼動，而人正是因此能夠思考。於是他們採取的非人化不只否定人性，還給對象強加次於人類的本質。類似做法也可以將人類本質代換為具有潛在威脅的生物，如老鼠或病毒。這種替換可以在生理層面發揮效用。操作催產素的正向效果使人更放鬆、更敞開心胸也更願意交際，反向效果則導致我們做出原本被理智壓抑的行為。多納泰拉．德拉．波爾塔（Donatella della Porta）研究義大利左翼恐怖主義，她描述異議者如何遭到非人化，被看做「豬」、「資本主義者的走狗」等等。安傑爾．雷巴薩（Angel Rabasa）與同儕進行恐怖分子技巧的相關研究，整理出許多形式的非人化可以「降低參加恐怖組織的心理門檻」。我們看待自身以外人事物的方式有太多弦外之音，心像、主觀賦予的意義都占

11. 譯按：「吉普賽」一詞是歐洲早期對羅姆人起源的誤解，漢語則沿用此音譯至今。

有重要地位，於是多數社會都下意識覺得外人比同胞要不像人。美國社會學家威廉・葛拉罕・薩姆納（William Graham Sumner）在著作《民俗》（*Folkways*）中提出一個原則：每個地區的原住民對自己的稱呼都是「人」，其他地方的人才需要特殊的名詞。例如 *Deutsch*（德國人）原意是人；馬賽人自稱 *hadzabi*，意思是「我是個人」；*Inuit*（美洲原住民因紐特人）大略的意義也就只是「人群」。

同一陣營內的成員會認為自身的世界觀更有內涵也更加豐富，同時會因此貶低其他人的世界觀。二〇一九年，神經科學家帕斯卡爾・莫倫孛（Pascal Molenberghs）以磁振造影進行觀察，發現我們對於其他族群的文字、面孔、行為反應有所不同。也就是說，我們比較容易同理自己人。此外，我們對族群外的思考模式評價較低。心理學家強納森・李維（Jonathan Levy）以在巴勒斯坦與以色列長大的青少年為研究對象，兩地長期衝突，果不其然受試者「接觸敵方陣營就關閉對痛苦的自動反應機制」。

杰可・菲利普・雷恩斯（Jacques-Philippe Leyens）從實驗發現社會將情緒分為兩個等級：主情緒被視為較原始且貼近動物，如恐懼和歡愉；次情緒則是人類獨有，如罪惡感、恥辱感，需要更複雜的心智功能。實驗的另一項發現是，受試者在同儕成員身上能找到較多次情緒，不分正向負向。似乎所有文化、種族都有同樣傾向，例如美國公眾言論中黑人與拉丁裔遭到非人化的比例明顯偏高。可是在卡崔娜颶風過後的統計，黑人與拉丁裔受試者在白人受災戶身上看見的次情緒也比較少，也就是無視實際遭受的損失和傷痛，先入為主認為對方沒有那麼痛苦。這種心理反應自然會影響他們是否願意主動對白人受災戶伸出援手。[12]

蘇珊・菲斯克（Susan Fiske）與拉薩納・哈里斯（Lasana T. Harris）發現人類會建立心理捷徑（mental shortcut），影響我們對其他人的評價以及尊敬。這個現象也透過神經影像得到證實。菲斯克開發了一套普世性人類價值指標，結果受試者給予藥物濫用者和遊民的評分都很低。他們面對上述兩類人，涉及社會認知功能的內側前額葉皮質沒有啟動，反倒是掌管噁心情緒的島葉與杏仁核有反應，代表受試者認為目標只有很少或根本不具有正向人類特質。由此可見處境最悲慘最需要幫助的人，卻會被大眾視為最沒有價值的人，於是陷入惡性循環。

身為會思考的靈長類，套用小說家伊恩・班克斯（Iain M. Banks）的話，人

12. 譯按：雖然許多研究指出人類對不同族群的同理心較低，但影響因素很多，例如經驗推論。

類是「宇宙裡微不足道的塵埃，沉溺在自己的思想裡」。這些思想不完美，還時常違背理性，但原因並非邏輯失調，而是身為人的先天局限。只要有了過去記憶和未來期待交織而成的自我印象，心智就會受到很多因素干預。面對他人，無論洞察、輕視，甚至否定對方的體驗，都是人類行為的基本元素。

明白人的社會心理能猜測也能排拒別人的思考和感受，我們才能理解將心智視為靈魂的危險性。這種概念或許比原始的靈魂觀造成更多問題。同時也可以據此推論，或許史前社會為了解釋人類特殊性而採取比喻手法，卻無意間合理化了人性的自私。如果身為人類就代表心智能力的卓越，那麼人類的標籤就變成一種能夠利用的武器。特殊性則變成一種彈藥形式。越堅持這種信念，偏見的殺傷力就越可怕。

人類心理的想像

二十一世紀的人類已經數不清自己殺死多少動物，有些報告估計，為了填飽我們的肚子，每天全球有三十億的動物生命遭到屠宰。至於大量使用動物做研究的國家則包括英國、澳洲、美國、加拿大、中國、日本以及許多西歐國家，確切使用數量不得而知，但每年應當也超過一億。人類合理化以動物為食物或工具的行為，理由是牠們不具心智，我們也就無需介懷。更甚者，我們以自身利益為優先，認定好處大過損失時就不放在心上。然而提出這些主張的時候，我們很少坦承：一切只是從人類的需求出發。

許多國家的法律規範人類不可對動物過度殘忍，原因並非動物具有人格性或尊嚴這類內在價值。我們始終認為特殊的本質為人類所獨有。嚴重身心障礙者在法律上也具備人格性，需要考慮他們的最佳利益。但動物則否，牠們的利益不在考量之內。

人類社會並非一定得採取這種價值觀。有些文化承認動物的身心狀態與人類不同，卻依舊有其重要地位。考古學家大衛．路易斯．威廉斯（David Lewis-Williams）在著作《洞穴中的心靈》（*The Mind in the Cave*），模擬十七世紀法國人盧本．斐勒（Ruben de la Vialle）走入阿列日省（Ariège）庇里牛斯山森林深處山洞的場景，他在洞壁上刻下自己的名字和一六六〇年的日期。後人還以為牆上的塗鴉是當代遊客的傑作，事實不然，那些作品是遠古時代狩獵採集的人類所留下。威廉斯提醒我們：西方思想家對於史前的人類生活幾乎毫無著墨，也因此斐勒看見壁畫時完全沒想過會是重要遺跡，居然肆無忌憚就出手破壞。他根本沒意識到「眼前所見的價值，也可以說他其實沒有『看見』那幅畫」。

到了十九世紀，馬塞利諾・桑圖奧拉（Don Marcelino Sanz de Sautuola）在他位於西班牙的土地上發現了阿爾塔米拉洞穴（Altamira cave），同時期均變論（uniformitarianism）[13]與演化論開始修正人類認知的底線。可惜他的發表卻成了災難，世人喜見克服疾病的科學發現，卻不樂見舊有信念遭到撼動。無論當年還是現在，許多人無法容忍自己討厭的真相，於是惡言相向。阿爾塔米拉洞穴史前壁畫最初引發學術界強烈興趣，後來卻有許多專家猛烈抨擊，捍衛既有正統派說詞。桑圖奧拉臨終前仍被嘲笑是造假，或輕信了別人的造假。問題是當初否定他、詆毀他的人並非秉持真理，阿爾塔米拉洞穴內迷人的動物壁畫如今被認為是出自數萬年前的祖先手筆[14]，就像拉斯科洞窟和肖維岩洞一樣。

13. 譯按：該理論假定自然作用在現在與過去的運作相同，其概念時常被解釋為「現在是通往過去的一把鑰匙」。

14. 譯按：測年法判斷阿爾塔米拉壁畫創作於一萬一千年至一萬九千年前。

進入阿爾塔米拉洞穴好比一場佛洛伊德心理學之旅，踏入人類心理怪異又壓抑的那塊區域。洞穴本身沒有特別大，必須穿過岩石間的縫隙才能進去，裡面則是長滿鐘乳石的岩窟，緩緩滴落的水珠令人懷疑時間是否逆行。或許曾經我們的祖先在這裡圍著火堆坐下，躲避外面的暴風雨，手中織著衣物、分享食物，大家一同歌唱也說不定？

目前洞穴頂部長滿放射菌，一點光線掠過就能看到螢光，本來黑壓壓的岩壁化身天文臺宇宙景觀，滿滿的金銀星點閃耀，氣氛十分奇幻。但其實赫赫有名的彩色壁畫在更深的地方。離開入口處的光線，左轉鑽入狹窄隧道，第一個房間是長形，洞頂中間一條裂痕增添了美感。裂痕透進天光實在萬幸，左右兩側正好就是木炭與赭石畫出的動物群，數量之多令人陶醉。站著看還不夠有趣，要蹲下來，甚至匍匐前進，抬頭欣賞會發現野牛和駿馬從平面變成立體躍然眼前，彷彿看得到肌肉扭動，無論人在哪兒牠們的視線都會追過來。

洞穴藝術專家德瑞克．霍吉森（Derek Hodgson）認為這裡的壁畫出自近距離觀察動物又承受著壓力的獵人之手。洞穴裡的陰影會誘發危機感，環境的光影變換可以模擬真實狩獵的氛圍。霍吉森在文章中提到：「舊石器時代獵人的腦部視覺不僅擅長捕捉動物突出的特徵，也充分掌握了牠們的輪廓，想必是日復一日投身狩獵的結果。」山洞的昏暗、遭遇穴熊的危機感「誘發」神經迴路。古人在岩石光影中看見類似動物的形體，將源於恐懼的朦朧想像刻畫下來。

還有其他相關的研究例子。而針對杏仁核做研究的神經科學家弗洛里安・莫曼（Florian Mormann）近年發現，地標、人物和其他動物的圖形中，最能引發細胞活動的是動物圖像，無論寵物狗或蛇都可以。後續研究確認對於動物的反應來自杏仁核右側，明顯偏向一側的現象印證另一個假說，就是右腦更留意環境中出乎預料卻有意義的變化。由於人類自身就是動物，我們對於別的動物會更加注意，無論將其視為敵、友或食物。

為了更瞭解洞穴壁畫，人類學家尋求現存的狩獵採集社會幫忙。他們的聚落成員還會在洞穴裡作畫，尤以散居非洲南部廣大範圍的薩恩人最為明顯。薩恩人原本就是人類學家很有興趣的主題，因為他們會精細模仿狩獵的動物，簡直像是變成獵物來揣測牠們的行為。這種做法演變為薩滿儀式，藉由急促呼吸和

節奏動作切換意識狀態是重要一環。根據路易斯．威廉斯描述，出神（trance）最後階段，「部落成員有時候會覺得自己化身動物，經歷其他令人恐懼或喜悅的轉變。」人類學家琴姆．希爾（Kim Hill）猜測這些舉動的目的，是觀察與辨識能吃的動物和不能接近的動物，但最後融為「單一過程」，賦予動物類似人的動機，於是「能夠影響人，或者被人影響」。

無論起源是什麼，人類祖先的洞穴壁畫呈現出截然不同的想像：人類可以變成別的動物，而動物也能像拉斯科洞窟裡的「鳥人與術士」般化身人類到處遊走。獅子人雕像（Löwenmensch）是史前遺留的象牙雕刻，雖為人形卻有獅子的頭顱，於一九三九年在德國中空岩洞（Hohlenstein-Stadel）被發現。在它所屬的世界裡，若人類提升自身境界便能洞悉所有生物的心和靈，甚至與牠們交流。遠古文化中，經由變形，獵人的心靈本質能進入獵物體內；反之亦然。

霍吉森認為人類大腦的視覺處理過程特別擅長被稱作「視如」（seeing-in）的功能，也就是從形體中迅速得到暗示並推敲身分。視如這個概念來自英國哲學家理查・沃爾海姆（Richard Wollheim）對人類知覺的猜想，衍生自路德維希・維根斯坦（Ludwig Wittgenstein）著作中另一個叫做「視為」（seeing-as）的概念。「視為」的意思是人類能切實看清事物為何；「視如」則是我們在某個影像中看見了另一種東西，有名的例子是乍看像鴨子實則是兔子的圖畫。沃爾海姆詮釋了我們透過大腦的視覺機制使事物轉變形態。不過人類其實連心智都能轉變，我們觀察時看到的不僅是外在形象，連其他事物的內在心思都可以瞧見。

狩獵採集社會的象徵符號是其他動物並不奇怪。獵人必須預測獵物會採取什麼行動，也得學會避開會把自己吃下肚的猛獸。路易斯．威廉斯推測這種文化下的宗教觀念，是建立獵人與獵物之間的契約：「冥界容許人類殺害動物，但有條件……人類必須進行儀式，例如將動物的一部分帶進洞穴，安放在『膜』上。」他的猜想來自薩恩人，而薩恩人一如其他薩滿信仰的社會，獵人與獵物之間有崇拜儀式，生活中基於大量自然知識設下諸多禁忌。由種種做法來推敲，紀念或祭拜動物是平息殺戮之後內心不安的辦法，但該留意的則是，不安並非人類殺死其他動物違反了什麼制度，而是認知到自己做出殺害的行為。或許也是因為在某種意義上，我們「知道」自己殺了什麼。我們猜想我們對生命所感受到的痛苦和欲望，也就是我們的經驗世界，在我們殺死的動物身上亦然。作為掠食者，這會是個問題。為了緩和這些不安，於是我們對獵物抱持敬畏之心。

薩恩文化認為動物也有特殊本質。其實多數與野生動物關係緊密的小型文化都有這個特徵。有個概念若以發音符號表述是 *!gi:ten/!gi:xa*，代表大型動物的超自然能量，尤其可以在非洲的伊蘭大羚羊身上找到，並且可以轉移給人類。意思就是其他動物不僅有自己的技能、意圖，還可以流入人類體內。就當前世界觀而言，這會被取笑是天真的擬人論。但哪種想法更接近現實？相信動物也有智能並加以狩獵，還是認定動物沒有心智而視為東西使用？

現代很多人在自家貓狗身上都感受到這種體驗。日本學者永澤美保（Miho Nagasawa）的團隊發現人類與寵物狗相互注視時，雙方的催產素濃度都會增加。即便如此，通常大家還是覺得動物沒什麼心靈可言，任人類宰割。就連保育運動中，人類也會為了實現主觀追求的多樣性而消滅特定物種的個體或群體，絲毫沒有愧疚感。

歷史不知為何轉向多數人痴迷於機器智慧，卻無視其他動物具有高度意識經驗的證據。就算是跟我們如此不同的經驗形式也有其意義。大都市居民為何將心智的未來寄託在機器與程式上，卻對老鼠或座頭鯨的知覺視而不見？這一點十分荒謬，值得好好思考。人類獨占靈魂的觀念在歷史洪流中擠掉了泛靈論，即使後

來這派說法遭到質疑，我們也只是提出人類獨有心智來取代，依舊忽視地球還有其他許多種心智。

土耳其加泰土丘（Çatalhöyük）的山洞裡也有壁畫，是幾十個男人包圍被誇張化的野獸。他們手持長矛、腰圍波斯豹皮裘，畫中除了少數看似懷孕的婦女，就沒別的女性了。這是男人的世界，對動物不再崇敬，而是挑釁。一九六〇年代詹姆斯・梅拉特（James Mellaart）率領的挖掘隊在當地找到獵人神廟，歷史長達九千年，是目前最早、相對大型且有馴化動物的城鎮。不過沒有再看到被馴化的動物圖像。

這是人類歷史的短暫時期，人類和其他動物的關係改變。事實上，隨著被馴化的動植物越來越多，考古學家反而越來越少在古代畫像內看到野生動物。野山羊形象的數量在新石器時代一路下滑，從數千慢慢剩不到一百。所有舊石器時代獵人熟悉的動物都呈現同樣趨勢，內容慢慢被支配與宰殺的畫面取代，例如卡佛山洞（Cova dels Cavalls）牆壁上有殺死整群野鹿的場景。圖畫主題的演變可能呼應了人類心中自身與其他動物的關係。過去又敬又畏的事物淪為人類地位的象徵，別的動物只是我們向上爬的墊腳石。一旦牠們只是駝獸、毛和肉，人類當然不必與其並肩。認為動物不會思考或許也帶來一些好處。也或許一萬年前農業開始之後動物就失去了心靈，或者我們開始遺忘牠們也有心靈。

來自屠宰場的一些訪談似乎印證這個觀點。研究發現，農場與屠宰場工作人員對動物的同理心較低。本世紀初，記者葛兒・愛斯尼茨（Gail Eisnitz）整理數百篇訪問，其中有工人表示：「在樓上取內臟出來的時候，還能說服自己假裝是生產線工作，只是填飽大家的肚子。但下去殺豬的時候就沒辦法了，我知道這不只是餵飽別人，而是殺生。我只能告訴自己說，反正只是動物，殺掉就對了。有時候我看人也會有類似的念頭。」

安娜・多羅夫斯基克（Anna Dorovskikh）的研究論文提到屠宰場工作者出現

壓力反應，她推測與創傷經驗有關。犯罪學家艾美．費茲傑羅（Amy Fitzgerald）對此做了大型研究。紀錄顯示，長期以來美國境內靠近屠宰場的區域犯罪率較高，家暴與虐童案例特別明顯。過去主流意見認為原因在於工人的人口特性和周邊就業率，調查也發現確實這些地區的年輕男性失業人口比例偏高，不過由於全年都有收入所以仍較農村緩和。多年來學界採納「新興市鎮」理論，於是鮮少關注宰殺動物是否也是變因之一，費茲傑羅成為第一人。

她控制主要變項，卻發現屠宰場依舊與犯罪率提高有關，類似現象並未出現在作為對照的產業。工業化屠宰影響最大。後來其他國家也做了類似研究。這些發現或許一時很難被接受，但換個角度看則是證實了早就知道的事情。無論背後什麼理由，人類並不樂於擔任掠食者，近年有幾份針對肉類消費者的調查，統計發現百分之五十到八十五的人並不願意為了吃肉殺生。

但這類矛盾亦可見於針對非人動物的研究。我們對於其他動物的意識和經驗怎麼想是關鍵。有份研究針對康乃爾大學獸醫系的學生，發現學生相信貓狗比其他農場動物具有更高的意識能力，而這似乎影響他們對這些動物執行特定程序的意願。

美國心理學教授哈爾・赫爾佐克（Hal Herzog）一語道破：我們不需要深究人類對待動物的方式是否合乎道德，應該先理解其中標準不一之處。「道德規範也是人類心理的產物，」他提醒。由我們心理衍生的道德觀並不一致，影響對象並不限於其他動物，也包括人類自身。此外，我們評斷心理經驗的方式也決定了得到的結論。

聰明的嗡嗡嗡

人類對於自身的複雜人格並非時時刻刻有意識。多數時候我們的感知狀態與其他動物沒有那麼大的差異，即便看似千百個選擇和決定，通常也不需要多龐大的心智能力。更何況人類生命大約有三分之一的時間在睡覺。意思並非人類的自覺不重要或不夠多變，而是要注意到我們以豐富的心靈生活為藉口，否定了其他生物的經驗與生活。我們對真相置若罔聞。

事實上，只要有中樞神經系統的動物，很可能都具備某種形態的有意識思考。蘭道夫・曼佐（Randolf Menzel）研究昆蟲腦部後認為，只要是腦，「結構都不單純」。例如根據最新統計，蜜蜂腦部有九十六萬個神經元，而蜂巢平均約有五萬個體，腦力總和就達四百八十億神經元之多，是一大群聰明的嗡嗡嗡。[15] 下回天氣晴朗經過樹林時，也別忘記腳下每隻螞蟻的小腦袋裡有大概二十五萬個神經元。而螞蟻窩內通常住著超過三億個個體。

15. 譯按：人類大腦估計有五百億到一千億個神經元，神經元彼此連結發揮功用、構成意識。

同樣有趣的是：家豬的腦部神經元數量與狗差不多，大型陸地哺乳類如獅子、熊、長頸鹿的大腦也不遜色。若想瞭解人類在自然界的定位，看看其他靈長類就知道，黑猩猩、紅毛猩猩、大猩猩的神經元都更上一層樓，但人類比起最近的近親大猩猩還多出一倍以上。不過單論數量，大象才是冠軍。

我們也可以強調前腦的神經元數量，它們在會表達、具社會性的動物身上似乎特別多。表列裡最容易被人留意到的大概是狗，不過能媲美的還有長尾鸚鵡、馬、渡鴉。體型雄偉的大象在這項目落後大型猿猴，不過鯨魚名列前茅。長鰭領航鯨或許不只擅長團體狩獵，黑白兩色的身體裡藏著更多我們沒想到的祕密。神經元數量究竟代表什麼？

海綿沒有神經元，因為牠沒有腦和神經系統。的確，這種生理結構降低了行為複雜度。人類面對海綿的考量也與面對其他生物有很大不同。即使如此，海綿仍舊是大有可觀的物種，牠們如植物的身體內棲息著成千上萬其他動物。有些海綿在幽暗海床上生長長達兩百年，與世隔絕彷彿失落的神話。這種動物存在於地球約十億年，沒有太多天敵，挺過了人類帶來的汙染與紛擾，象徵生物的堅韌。

我們有什麼資格說海綿沒有價值，只能作為刷背的工具？

不久前一個溫暖夏日午後，我在等火車的時候看見一隻螞蟻拖著死去的蒼蠅穿越大片石子地想回到巢穴。將近三十分鐘的時間裡，小小的牠扛著龐然大物十分辛勞。單純就體積比例來看，可以想像是人類個體搬運寬吻海豚走在廣闊石林間。牠在我眼前遭遇許多障礙，但懂得將蒼蠅先藏起來，偵察地形、確認路線以後再回頭將食物帶走。經過史詩般的努力，牠終於成功將東西送入蟻窩。這是本能，還是具有動態的智能？爭辯這個真的有意義嗎？比小孩小指甲還小的生物在不起眼的礫石堆間一步步跨越難關，這件事本身就太了不起了。

我們的環境中有許多證據指向智能和直覺是生命圈的常態。無論是否為本能，各個物種都展現了難以量化的複雜程度與生存技巧。為什麼人類就是不願意給牠們更高的評價？心理學家蘇・薩維基・藍保（Sue Savage-Rumbaugh）在耶克斯（Yerkes）實驗室教導黑猩猩使用鍵盤，牠們成功展現出自我意識的種子。劍橋大學科學家尼琪・克雷頓（Nicky Clayton）也訓練西叢鴉記憶，牠們能夠判斷某些食物在五天後會變得難吃；換言之，沒有語言的動物或許也具備情節記憶的能力。[16]

鸚鵡專家艾琳・佩珀伯格（Irene Pepperberg）開始研究鳥類認知能力時，這個領域還十分冷門。但現在她表示，人類大量投入相關研究，很難跟上全部進度。研究初期，對其他動物的智能變項過於嚴苛，因為研究者都擔心會重演「聰明的漢斯」現象——漢斯是一匹馬，牠能針對研究者下意識的小動作做出反應，於是取得的資料並不精確。時至今日，對於動物智能的研究經費更少了，佩珀伯格解釋：「因為找不到明確的應用方向。」不過經過畢生研究，她肯定鸚鵡有視覺搜尋與心像的能力。

佩珀伯格的實驗之一，是在幾個碟子裡裝了彩色絨球，以盆子蓋住，移動順序四次之後要鸚鵡找到特定顏色。人類平均的正確率是六成，她的鸚鵡正確率有五成，而如果不移動碟子則是百分之百正確。鸚鵡不是有羽毛的小型人類，而是壽命長、有自己社會階級的物種，更重要的是，牠們有紫外線視覺。鸚鵡終生一夫一妻，交配時節有獨特的二重唱，通常大量群聚。若心智是價值的依歸，我們如何面對人類造成一半鸚鵡物種瀕危，其中四分之一即將滅絕的現況？說得更直

16. 譯按：目前學界稱此現象為「類情節記憶」(episodic-like memory)，指動物能記住「時間」、「地點」、「對象」這些事件資訊。

白些，若人類因為心智能力而有與生俱來的價值，鸚鵡應該也有才對？[17]二〇〇九年，歐洲頂尖的農業研究機構公布一項研究，其結論是其他動物「確實表現出大量意識」。二〇一二年數十位傑出科學家背書的「劍橋意識宣言」（Cambridge Declaration on Consciousness）也確認了，「非人動物擁有構成意識所需的神經結構、神經化學及神經生理基礎物質……包括所有哺乳類、鳥類，以及其他許多生物，如章魚。」更重要的是，作者群主張人類也應將牠們視為有意識的生物對待。人類因為社會意識而有個人身分存在，這些動物也一樣嗎？動物意識究竟有何重要性？

人格性使社會大眾相信表達自由、自由意志、受教權與人身自由。這些理念對人類個體的共通需求與福祉都顧慮得透徹周到，但它們無法證明其他動物不具備有意義的需求或感受，也不代表人類在演化上具優越地位。基因編輯技術CRISPR 創新者、生物化學家劉如謙（David Ruchien Liu）這樣告訴我：「演化並非直線，也不是光譜。它像一棵樹。從樹頂切一片下來，切面會有很多端點，由此可見人類並不是演化終點。」

17. 譯按：「人類與生俱來的價值」和「人類因心智而與其他動物有區隔」雖然時而重疊但仍是兩個分離主題。例如：若人工智能或基改生物心智能力等於或高於人類，人類社會是否會認同它（們）擁有同等或高於人類的天賦價值？

在人類行為造成生物多樣性大規模流失的今天，這是十分重要的觀念。若我們持續否定身邊各種動物的感受、智能和需求，那些經驗的主人就淪為工具，或直接從地球消失。根據二〇一八年伊農．巴昂（Yinon Bar-On）研究團隊的估計，對海洋哺乳類的濫捕，導致牠們在現代的減少速度為以往的五倍，野生陸地哺乳類的總重和總量也大概縮減至七分之一。而地球哺乳類動物有七成左右都是我們的食物。最多的鳥類是什麼？就是人類飼養的雞。

「鍊基因術」登場

二十一世紀的問題在於現代社會依舊遵循舊時代的迷思，認為人類獨特性反映出部分真實的自然狀態。沉溺且執著於科技的時代裡，我們的法律制度依舊奠基在對天使的夢想上。有理性的人都該感覺得到不對勁。為了生存在人類建構出來的社會，我們排拒任何威脅或阻礙的生物，否定牠們的智能與價值。可笑的是，這個邏輯走到最後連自己的身體也除之而後快。路易斯・沃派特（Lewis

Wolpert）提出假設，認為控制動作的機制是大腦的前身。若我們珍惜的自我意識的確始於身體形象，最初功能在於協助肢體活動[18]，那麼人類這個自我意識最強的物種卻想要放棄演化出來的身體，實在太過諷刺。人格性的概念越過某條界線，我們將自己的軀體視為動物，可以為了心智的利益加以殺害。

人類潛意識裡似乎有個死結，極力排斥缺乏強烈主觀體驗的感官以及肉體狀態，彷彿主觀性是絕對抽象、類似靈的存在，彷彿豐富的意識經驗竟有個開關，只有存在與不存在兩個極端：如果不是自我，就是一片深邃虛無。自我覺知的心智狀態與動物軀體相連結的概念，在很多人眼中違背直覺認知，部分原因來自人類特殊的思考能力。多數人很難想像缺乏自我意識的狀態下，如何感受溫柔或沮喪，畢竟相對於肉體，我們的心靈自由太多。

即使十九世紀北卡羅萊納州的黑奴哈莉特・杰可布（Harriet Jacobs）也能任思緒自由翱翔。直到現在，巴基斯坦和伊朗之類國家，年輕男性仍會因為同性戀行為而被囚禁，可是誰也關不住他們對戀人體溫的思念。生活在紐西蘭的尼克・奇瑟姆（Nick Chisholm）二十多歲就出意外導致閉鎖症候群（locked-in

18. 譯按：學界對自我意識演化的理論假設之一。

syndrome）[19]，完好的心智被困在無法活動的身體是多大煎熬。「有時候那孤獨感大得難以言喻，受傷以後花在思考的時間多得可怕，很多念頭我完全不想告訴別人。」每個人都覺得自己有他人看不見的一面，被歧視誤解的人感受尤其深。

回到更貼近一般人的層面，生病或遭到病毒入侵身體的時候，每個人都多多少少會對自己的身體有種疏離感。再來就是老化、皮膚變差又下垂、肌肉鬆垮無力、肢體喪失以往的氣力，儘管內心或許還是那個充滿朝氣的二十歲青年。對人類而言，受困在有機體裡確實是一種殘酷的命運，於是我們將肉體視為樊籠，想要掙脫逃離，釋放自由奔放的精神。話雖如此，我們也明白很多喜悅與知覺經驗並不需要強烈的主觀意識也能成立，單純內心的畫面，以至於看不見的氣味等等，都足夠充實。

二十世紀後期開始，人類遠大的夢想之一就是改造肉體，徹底發揮潛能。瑞士無為學院（The Laissez-Faire Institute）對這個現象的描述是，「超人類主義者（transhumanism）[20]和自由主義者關注的是科技進展、控制自然、賦予個體駕馭自然的力量。」這個世界觀的中心就是人類智能，意圖看似是升級身體功能與

19. 譯按：患者意識清醒，但由於全身隨意肌（眼睛除外）癱瘓，無法活動與自主說話。
20. 譯按：支持使用科技來增強人體、克服障礙的思想運動。

對抗死亡，但實際上要拯救的並不是肉體，而是心智。他們期望能最大化心智能力，延長壽命直到心靈得到救贖。這種新形態人文主義本質上是世俗的救贖神學，而且與新興宗教一樣以實驗性、激進與外圍的方式展開行動，與舊信仰的共通點就是視動物身軀為得救的阻礙。

一九五七年，阿道斯·赫胥黎（Aldous Huxley）的哥哥，演化生物學家朱利安·赫胥黎（Julian Huxley）為這個新興運動取了名。[21]「人類這個物種若是願意，可以超越自身……」他如此寫道：「這種新信念需要一個名字，或許『超人類主義』是個合適的詞彙——人依舊是人，只是探索和賦予人類本質新的可能性，於是超越了自己。」直到現在，超人類主義者依舊堅定走在同一條道路上。澳洲倫理學家朱利安·薩烏萊斯（Julian Savulescu）認為生物增強技術不是扮演上帝，而是「扮演人類」：「我希望自己成為活得更久更舒服的人類，而不是活得更短更痛苦的人類。」他並不孤單，資訊科技工程師詹姆斯·馬汀（James Martin）時常被譽為預言了網際網路的大師，同時也是一位未來主義者，他相信人類可以「大大改善世界」，也認為應該改良人類自身成為「比現在更優秀的生物」。

21. 譯按：一般認為朱利安·赫胥黎為超人類主義創始者是因為他提出相關見解。單論名詞本身，朱利安是沿用加拿大哲學家萊托爾（William Douw Lighthall）一九四〇年文章。

哲學家瑪麗・米雷以中世紀煉金術（alchemy）做比喻，稱這種觀念為「鍊基因術」（algeny）。鍊基因術士追求將人類這種廉價金屬轉化為「想像不到的真金」。

未來主義者伊恩・皮爾森（Ian Pearson）指出，「沒有人願意用九十五歲的身體長生不死」，但若能以二十八歲的身體永生，則大眾會積極投入。然而針對這種前景提出的理論，從未考慮跳過童年或發育過程的影響，也鮮少思考更年期這種現象對於大象和人類這種社會性哺乳類的意義。以人類和大象而言，族群中的長者扮演傳遞知識給年輕一代的關鍵角色。操作人類生命週期的生育階段時，我們忽略了停止生殖這件事情對動物而言也是自由，代表從性的紛擾解放，有承擔新角色的餘裕。

增強人類的論述中還摻雜效率取向。哲學家尼克・博斯純（Nick Bostrom）在自己的網站表示，「人類這個形式的存在有很多局限」，可是「因為這個形式太普遍太熟悉，我們通常不會留意到自己受限」。效率論一部分起源於以機器、電腦來對比人類智能，帕梅拉・麥考德克（Pamela McCorduck）的《會思考的機器》（*Machines Who Think*）早在一九七〇年代就問世，是首部人工智能史，當時這個概念尚未流行。她認為人類自古以來就試圖將心智與行為能力加諸我們製造的東西，基督信仰之前的偶像崇拜和各種物的崇拜，如圖騰柱或魔法劍，皆屬此類，學術名詞是情感擬人法（anthropopathism），也就是認為人類製造的東西皆有情。實際上要做出能思考的物體有兩種方法：一個是崇拜，另一個是技術[22]。

我們可以將人工智能理解為對智能同時也是對救贖的追求，一方面想要精準正確，另一方面卻是實現大眾幻想，然後再加上業界跟風。早在十八世紀，為了對思考做系統化闡述，人工智能的創立原則已經扎根。現代對於人工智能的狂熱終歸是人文主義的分支，主題還是對人格性的辯論，以及人類如何增進自身。一旦大功告成，我們再也不需要生物性的生殖、女性的子宮，而可以成為自己的造物主。

麥考德克書中提到帕拉塞爾蘇斯（Paracelsus）製作「人造小人」（homunculus）的故事：他將人類精液放進燒瓶，裹以馬糞等待一個月，之後不僅會產生發酵反應，還會浮現人類形體。[23]瓶內透明人形需要以人血餵養，經過與人類相同的懷胎九月後就成了真正的生命。「不只活著，」麥考德克記述：「而且有智力。帕

22. 譯按：原文 trickery，為欺騙、詭計之意。

23. 譯按：燒瓶小人的傳說緣由之一是先成論（preformationism）和精液成形論（spermism）。中世紀歐洲女性地位低落，生物學不發達，學者想像生物最初就是人類觀察到的形態，例如一開始就是個存在於精子內極微小的「小人」，進入卵子與子宮是為了「長大」。

拉塞爾蘇斯詳細解釋了如何教育它，甚至洋洋得意說，『往後我們就是神，能複製上帝最偉大的奇蹟——創造人類。』」

有幾位科技界領頭羊出面對高級人工智能提出示警，出生南非的企業家伊隆・馬斯克（Elon Musk）就是其一。他認為人工智能在這個世紀會發展到足以威脅人類生存的程度。二〇一四年，他比喻賦予機器真正的人工智能是「召喚惡魔」。這種說法並不新。有數十年的時間，人們擔心堪比活人的智能會忽然從晶片和電線裡誕生。這些人工智能會生出自己的意圖，危害我們的生活嗎？但與其擔心這種風險，不如探究創造這種技術的初衷究竟為何。像我們這樣的動物會怎麼對待從我們打造的人工智慧系統中生出的「意識」？其實我們已經控制系統，排除任何我們不願面對的內容。所以更可能的危險是來自人類，而非人工智能。

然而，過度恐懼會導致過度強調以機器加強我們智能的好處。二〇一九年夏季，馬斯克宣布旗下的「神經連結」（Neuralink）公司研發出可以連接人腦作為輔助的高科技絲線。一如過往的爭議性研究，大眾首先看到的是新技術如何幫助我們擺脫棘手的、限制行動的疾病。據稱神經絲線會優先嘗試協助神經疾病患者，但最終目的是在人工智能壓制人類、人類需要強化腦力時，能有個選擇是成為生化人，也就是半機器半人。[24]

人類歷經蛻變，開始能推敲別人的心智活動，然而衍生出來的想法卻變成改造自己的心智。同時我們將未來寄託於原本只是開發來博君一粲的電腦，還認為這些機器可能對自身地位構成威脅。這種邏輯彷彿銜尾蛇[25]，自己咬著自己的尾巴。因為我們不善待其他動物，於是害怕更高等的智能也會以同樣方式對待我們，結果突破這個困境的辦法是自己跟著變成機器。問題是對人體的改造有風險，可能喪失使生命美好的各種體驗。更何況也可能無意間抹煞了社會行為的關鍵環節，連帶捨棄了通往善的最佳途徑。

由此觀之，人類不再理解其他動物的生活並非牠們沒有意識，或者我們做不到。單純就是我們不願意這麼做。如今我們反而認為萬事萬物都要屈服於人類最偉大的發明，也就是人工智能。這種錯覺比教堂裡的任何言論還要可怕。新的自由宗教不關注地球上八百多萬其他物種，藏在血與肉、羽毛和爪牙底下的心靈即便消逝了也無人聞問。

24. 譯按：馬斯克的完整觀點是：大量依賴手機和電腦的現代人實質上已是半機器半人，只是尚未察覺或接受。（因此將機器介面與人類融合並非全新階段。）他的擔憂除了典型的AI失控破壞世界，還有電腦的資訊速度比人類快太多，人類停留在傳統介面將造成AI「不耐煩」或雙方溝通不良，屆時人類能從事的工作會受到更多限制，開發腦神經絲線最終目的是直接以思考和電腦交流、擴充人腦的處理頻寬。

25. 譯按：ouroboros，古希臘傳說，形象為龍或蛇咬著自己的尾巴形成圓圈或無限（∞）符號。若僅從上下文判斷，此處或許採取銜尾蛇外形和字面含義（即「自我吞食者」）表達人類開發AI可能導致自身消失。

最後的邊境

有些人認為主觀意識使人類脫離地球其他物種無意義的生命狀態，是我們的救贖。對這樣的人而言，能夠模擬主觀經驗的科技是一大福音。若所謂人格性只是大腦裡的感官印象，就可以儲存，甚至上傳。具有真正價值的人格性會成為科技主宰宇宙的最後疆界。而持續研究意識如何從有機體誕生的最終目標，就是製造人格性。不過這個追尋卻在途中與另一種理念結合：我們想要避免死亡。乘著這股風潮，人類開始期待大腦出現天翻地覆的變化，因為這似乎有望讓我們無須肉體而能永存。

然而換個角度看，所謂人格性是肉體對自身的覺察。最初的自我或許就只是對身體的基礎印象，功能是協助生物探索世界。之後其他心像則幫助生物分辨敵我、狩獵者和食物。這種認知的一部分也會透過嗅覺和味覺進行，但通常視覺最為關鍵。安東尼奧．達馬西奧（Antonio Damasio）提醒我們心智的根基是「原始或加工過的身體感受」，而且它也遵照有機體的規則運作，存在目的就是「有效調節生命現象」。問題是在目前主流文化的影響下，許多人不認為自己的身體很重要，反倒認為皮囊是個尷尬、充滿缺陷的東西，能夠擺脫再好不過。如哲學家德里克．帕菲特（Derek Parfit）說：「頸部以下的身體不是人類必要部分。」

這種觀念不難理解。我們專注的時候，思緒可以專注到暫時忘記身體的程度。將我們帶回現實的可能是飢餓或外頭的嘈雜。再次集中時，思緒又會擴張，滿溢身體以後流進自我意識，甚至到整個房間。類似的經驗令人陶醉卻也有些古怪。直覺告訴我們：人類不是鏡子裡那具骨頭肌肉組成的身軀，而是腦袋裡的意識。於是我們不屈服於二元性的幻覺，沉溺在個人體驗。

哲學家如何闡釋這種感覺對我們影響深遠。十七世紀後半，英國哲學家約翰．洛克設計了思想實驗，探究人類身分認知的詭譎。實驗內容是想像一位王子死亡時，靈魂進入補鞋匠的身體。王子再度睜開眼睛時，已經在另一個人的身體和處境裡。這個實驗的重點在於多數人會本能認為是補鞋匠變成王子[26]，似乎印證了我們以心靈而非肉體形式存在。據此推論，美妙縝密的心智經驗無形無相，無論放在神話中的獅鷲獸或人工製造的矽晶片裡，都能活得好好的。就像是手提

26. 譯按：洛克的重點是人格的「連續性」：即使換了身體，王子的內在人格相同。至於誰「變成」誰的問題會因為詮釋不同而沒有固定答案。

箱，我們是裡面的內容物，掏出來裝進新容器也沒關係。就此而言，人格是一種心智實體，可能是靈魂、思維物（*res cogitans*）[27]或一段程式碼，從而在特定情況下任何東西都可以是人格。

洛克的思想實驗依舊回到我們的自然傾向，也就是認為所有生命都有看不見的本質。相關文獻還有八〇年代耶魯大學心理學家法蘭克・凱爾（Frank Keil）所做的研究，他嘗試瞭解幼童對自然分類的概念。詢問受試者：如果豪豬一覺睡醒發現自己變成仙人掌，那它到底是有刺的動物，還是成了有刺的植物？結果幼童都認為它還是豪豬。類似的推論卻不適用於非生物，如汽車或餐桌。如果汽車醒來變成仙人掌就不再是汽車了。凱爾的實驗顯示兒童已經有生命本質的觀念。

從洛克的時代到現代，我們都知道人類是有機體，生理結構維持著奇蹟般的秩序，生命現象直到死亡才結束，之後身體無可避免會腐朽並失去原本形態。不過洛克的時代背景仍有很濃厚的宗教氛圍，「被提升天」依舊是神學討論的固定環節。聖人的遺體被分散運送到各地教會，也成為可以交易或竊占的物件。身體都七零八落了，升天時怎麼組合？為了解決這種困惑，洛克想到的是心智能在龐

27. 譯按：笛卡兒提出三種實體：思維物、廣延物與上帝。

大到幾乎無窮盡的過去記憶與當前經驗裡穿梭。他認為就是這種往來於不同時間的能力創造出獨特的人格性。

他的觀念影響十分深遠。基於這種論點，才能理解為什麼沙烏地阿拉伯這樣的國家願意賦予機器人公民身分[28]，卻持續壓迫血肉之軀女性的權利。若人格性來自罕見的心智技能組合，則我們能夠推論或許有人類不具人格性，但其他似人的東西卻獲得人格性。在沙烏地阿拉伯，所有女性皆不具法律上的人格地位，政府不承認她們有足夠能力管理自身事務。類似偏見也是二十世紀初英國反女性選舉權運動的思想基礎。寇松侯爵（Lord Curzon）明言女性缺乏「心智平衡」，無法做出合理判斷。在美國則是黑人選舉權。一八二一年紐約州制憲會議上，薩繆爾．楊（Samuel Young）主張「黑人心智能力不足以投票」。為了對抗偏見，必須為各種人爭取人格平權。

不過人類社會又經歷奇妙的轉折。有些人，特別是最早抬高人格性的國家，開始欣賞另一個說法：人格性不是真的。世俗大眾接受一種可能性，也就是以往賦予我們生命重要性的概念原來只是神經化學的騙局。濃烈的還原論思想與古代

28. 譯按：二〇一七年十月，沙烏地阿拉伯賦予女性機器人「索菲亞」國籍。索菲亞為香港漢森機器人技術公司（Hanson Robotics）開發的類人機器人。她也獲得聯合國創新代表頭銜（第一位擁有聯合國頭銜的非人類）。此事引起很多爭議。

二元論結合在一起。

這派人士最常掛在嘴邊的證據，來自二〇〇七年過世的美國科學家班傑明・利貝特（Benjamin Libet）。根據他的實驗，人類決定是否採取行動似乎比對應的意識早了數毫秒。這個發現被當作證據，證實人格性的核心，也就是我們常說的自由意志，其實是假象。即使這麼說的人並未區分自由意志與有意識的抉擇或許有所不同。類似研究令人著迷又困惑，好像我們仰賴的個人意識只是大腦開的玩笑，至於原本就想證明唯物論的人則彷彿吃下定心丸。換言之，人格性能按照需求打造，只要確認了思維究竟是什麼、如何解碼，我們就能重新加以改寫。

不可否認，這派「自我幻覺」的言論有部分源於拒絕將「自我」和「人」分離的觀念。這種說法背後有其道理。將人類當作由身體拖著走的另一個什麼「東西」不符合生物事實。可惜這個論述被更煽動的說法蓋過了，大家只注意到自我和自由意志被貶為幻覺。持這種主張的人為了駁倒舊謬論端出了新謬論。

癥結在於如何詮釋利貝特的研究發現：他們認為有一個具實體但無意識的認知機制威脅到自主性[29]。將動物行為視為幻覺從開始就是誤會，以為本能和理性

29. 譯按：實際上這派觀點並非認知機制與自主意圖相互為敵。山姆・哈里斯（Sam Harris）的想法是：人類行為的意圖浮現於無意識機制，腦部對身體即將動作產生意識覺察，意圖和覺察在極短時間一起發生，由於人類大腦習慣將「相關性」詮釋為「因果」，便產生意識「引發」行為這種錯覺。

抉擇之間有明確界線。有些人希望人類是抽象而純粹的意識與思考，而不是有感官、感受、會繁衍的動物；對他們而言，換一個永恆的形體不是壞事，甚至將自己寫入機器更是一勞永逸，不必再應付生物體的種種煩擾。如果世界就是巨大的虛擬，人類就不用去別的地方執行模擬程式，反正沒有誰的真實性會遭到破壞。既然是幻覺，何不升級成更持久的幻覺？

當然目前還不知道是不是真有辦法將大腦拆解，取出一個個不同的思緒。沒人知道人類意識的謎團何時能夠破解，但無論腦科學多麼發達，很少有人停下來思考一個問題：倘若都是幻覺，到底要抽出什麼？彷彿彼得潘的故事裡，裁下窗影，像衣服一樣收進抽屜，後來再縫回身上。如果自我只是經驗投下的影子，又要將什麼東西縫到機器上面？

實驗證明的只是人類身為生物，具有本能。因為我們忘記意識經驗本來就源自肉體，才會對它的運作機制感到驚訝。由於文化中充滿人類不是動物的訊息，察覺到意識、自我、理性都以物質形態存在生活中成了新鮮事。原來主觀意識是物理現象，會受到飲食、疾病、情緒影響，但這一切不就印證了人是有機體。阻斷大腦裡的化學訊號就感覺不到疼痛，但誰會跟被炮彈炸斷腿的士兵說他們的經歷是幻覺？

稍微觀察自己，不難發現如果每個行為和過程都要意識介入，則人會寸步難行。無論意識真相為何，它不需要事事必躬親。行為摻雜了無意識本能不代表意識是假的，就像意識存在不代表身體是假的。同理可證，意識並不因此失靈或無關緊要，反而應該說自我是身體需求有意義的延伸。

現代天使學家

中世紀歐洲許多學者花時間研究天使。既然天使不沾塵俗，連眼睛和耳朵都沒有，如何從加利利眾多婦女中找到聖母瑪利亞？聖托瑪斯．阿奎那（St. Thomas Aquinas）認為，答案是天使獨特的意識狀態能根據人的思維特徵辨識身分。阿奎那不在乎天使或許只是人類的想像。同時天使對動物的生活方式有特殊魅力：沒有身體的天使位階都比人類還要高，可見心智根本不需要肉體。或者說，演化的下一個階段就在於捨棄軀體。

現代也有天使學家。機器人研究者漢斯・莫拉維克（Hans Moravec）提到後生物世界中「前人類」（ex-humans）的未來。「肉體活動會逐漸轉移到越來越純粹的思想網路，在那裡每個最細小的互動都是充滿意義的運算。」他如是說。對肉體持否定觀點的人已隨處可見，未來主義者丘里奧・普瑞斯科（Giulio Prisco）覺得太空「無法由脆弱無力、壽命短暫的血肉之軀進行開墾……得交給後生物、以心智存在的子孫」。他們聲稱人類的光明在於從動物身軀解脫。

類似觀點是很多研究計畫背後的動力，營利企業也宣揚人類可以脫離動物形式。花費數十億歐元、以瑞士為據點，已經枕戈待旦的人腦計畫（Human Brain Project）及其合作者惠普企業（Hewlett-Packard），希望以超級電腦完整模擬人類腦部，「最終目標是建立模型，分析人類與其他動物不同的獨特能力。」約莫同期，俄羅斯媒體大亨迪米崔・伊茨科夫（Dmitry Itskov）成立「二〇四五行動方案」，總之就是希望藉由虛擬化身延長人類壽命，「以科技將個體人格轉移到先進的非生物載體。」

不甘落於人後，Google的賴利・佩吉（Larry Page）成立Calico生命延續計畫，首席工程師雷蒙・庫茲維爾（Ray Kurzweil）幾年前就表示，「未來只要一針筒奈米機器人，就能將我們的知識、技藝、人格複製為檔案儲存進電腦。」連物理學家史蒂芬・霍金也承認，「將大腦複製到電腦，死後進入另一種生命形式，在理論上是可行的。」考量他身體癱瘓的情況，會有這種想法情有可原。

後人類主義（posthumanism）[30]繼承古代二元論傳統，認為人類並非現在所見這副身軀。他們是人文主義的一個分支，將人類狀態視為即將被科技解決的問題。當前的後人類主義者相信身為人類無需其他條件，保存個人意識即可。伊茨科夫、普瑞斯科之流覺得肉體丟了最好，我們可以在不朽的形體內重啟意識，或者將人類思考當作無限訊號發射到太空。對他們來說，動物身體就只是麻煩，可以擺脫是好事。以前人文主義者試圖理解物質如何形成思考，現在後人類主義者則嘗試讓思考逃離物質，可謂文明傳承上少見的大轉彎。

但也應該留意有些後人類計畫的性質不同。例如羅西・布拉伊多蒂（Rosi Braidotti）等哲學家對於人文主義之後的世界有更妥善的期待，他們不追求

30. 譯按：或稱「後人文主義」。根據哲學家弗蘭西絲卡・法蘭度（Francesca Ferrando）整理，這個詞至少被用於代表七種不同意識形態，其中「反人文主義」、「文化後人文主義」、「哲學後人文主義」、「後人類解構」都被定義為對傳統人文主義的批判或反動。另外三者為「超人類主義」、「AI取代主義」及「人類自願滅絕主義」，與人文主義僅具間接關係。

超越動物身分，而是超越以往人文主義對人類的狹隘定義。伊莉莎白・格羅斯（Elizabeth Grosz）直言他們想像的世界，「不受限於人類自身的利益觀點」。

即便不斷受到檢視，認為心智將人類從動物身分解放的這種想法，依舊是炙手可熱的夢想。有了資本主義和自由主義、個人自決與開創未來這些崇高想像的熱忱邀請，許多人認為為了存續，人類經驗需要接受改造。時機成熟，我們就會捨棄肉身，身為動物的缺陷不復存在。有些倡議者歡欣鼓舞，宣稱透過電腦模擬人類心智就能逃離生物被演化淘汰的悲慘命運。可是將機器與演算法視為演化的下個階段，清楚昭示出背後動機是恐懼而非理性。

伏爾泰曾有一句妙語：「人腦是個具有神奇力量的複雜器官，讓人能找到理由相信自己想要相信的任何事情。」後人類主義者試圖將個人體驗如同牡蠣那樣從殼裡挖出來，還要大家相信明明不可取代的東西能夠被取代。這種觀念太過輕率，嚴重損害了他們以為自己要拯救的事物。

無論如何，現實世界已經如火如荼展開相關實驗和測試。現在的樣本是動物，以後自然是人類。這個時代裡，實驗測試都必須提出申請、通過倫理委員會審核、制訂法律規則。歷史上，人類合理化以動物進行實驗，其中一個理由是牠們不具人格性，也就沒有利益遭受損害的對象；另一個理由則是具人格性的人類處於優先地位，滿足我們需求的研究和創新符合道德價值。問題在於道德義務的前提都是人類的人格性為真，那我們怎麼會聲稱人格性只是幻覺，來自我們意欲取代的生理構造？

同樣值得留心的是相關討論通常包裹在模糊的進步術語中。雷蒙・庫茲維爾在探討艾倫・圖靈（Alan Turing）成就的著作裡說道：「肉體就其規模與期限的限制太嚴苛，將心靈從中解放出來是演化必要的步驟。」他認為演化會朝著「更複雜、更優雅、更多知識」前進。現代許多人持同樣觀點。

科技的倡議者認為人類演化的下個階段就是捨棄有機肉體，以人工或升級的智能取代，並假設物質可以解釋心智經驗，心智經驗是處理程序的算式集合。可是他們又借用古老的哲學幻想，認為人類頭顱內某種本質是唯一真正有價值的東西，然後聲稱演算法能變成靈魂。

庫茲維爾的心態是一種演化自助餐，只挑選自己喜歡的演化過程當立論基礎，就像聲稱河流只是水的流動。達爾文本人沒有犯下這種錯誤，演化論的核心是動態的互動，不是特定方向的進步。生命經由盲目的基因變異與重組化作無數形態，其中一些特徵穩定擴散，因為它們對個體生存有益。雖然存續與繁衍的差異導致物種的改變，但改變並非只有一種方向，也與進步與否無關。

演化或許會看似有方向性地創造出更複雜的生物，但同時這些生物未必更好，即使看見方向也無法理解意義。演化的改變可以緩慢得驚人，例如灰白色外形古怪的歐氏尖吻鮫（goblin shark）維持同樣形態一億年。牠們棲息在大陸棚與海底山深處，在缺乏變化的幽暗環境裡緩緩游動，食物是那些靠得太近的生物。另一方面，某些演化的改變快速猛烈，卻未必能用肉眼觀察到結果：亞馬遜箭毒蛙（dart frog）被一條馬路隔開超過三十年以後，外觀沒有太大差異，但基因已經不同。

我們很難從遺傳標記分辨新形成的是物種，還是新的行為。至於新物種，無論其複雜度，我們更難斷定它之於整個生物界是何意義。「過個三千年，」坦尚尼亞人類學家查爾斯・穆喜巴（Charles Musiba）對我說：「要是未來人回來看見姆巴提人（Mbuti，剛果境內以採集狩獵維生的俾格米人[31]），會不會覺得他們演化程度低、比較沒價值？」演化有很多意義，但進步並非其一，後人類主義以演化論詞彙包裝救贖，也就是以科學合理化偏見。

更進一步來說，生理機制導致我們對人格性的思考有嚴重偏見。洛克建構的人格性來自過去的記憶與對未來的想像。大眾思考個人的身分時，內容也大半來自或美好或痛苦的記憶。但是論及救贖，多數人會將健康成人這個階段獨立出來。也就是說，大家鍾情於成年人的生殖能力。我們為何獨厚人生的這個部分並不難想像。然而過老或過小，以及如自閉症或唐氏症這類有不同認知的人，又該如何？看來他們也沒有能夠得救的價值。

類似困局在早期神學辯論時就已經出現。若人類在末日後能夠復活，會復活成生命中的什麼階段？肉體會跟著復活，還是只有靈魂？復活之後永遠都是死亡時的年齡嗎？[32]自古至今，一直都是動物性的身體及其生命週期導致各種困惑，也使得人類執著於生命最美好的那段日子。

31. 譯按：pygmy，非特定種族，泛指全族成年男子平均身高少於一百五十或一百五十五公分的族群（一般認為「俾格米」帶有貶意，但尚未出現更通用的稱呼）。

32. 譯按：世界主要宗教僅基督信仰無法明確回答。猶太教天國居民每日以幼兒之身甦醒、以長者之姿入睡以完整體驗人生；伊斯蘭經典記載天國眾人為三十三歲；佛教與印度教內，天人或阿修羅有變幻之能，且應繼續悟道以脫離輪迴轉世；道教成仙封神後亦不受肉身局限。

肉體光譜

若夢中所見，是個與自己入睡時一模一樣的房間，感覺當然很奇妙。同樣的簾子、同樣的床，所有細節唯妙唯肖，卻只是腦海一隅，枕上顱骨內電化學脈衝構成的幻境。那個房間對外人不可知也不可見，對夢中人卻是栩栩如生的體驗。不僅空間，也包括觸感和聲音，與他躺下入睡前所在的世界一樣真切。

如果夢中人在房間走動時沒有意識到自己有具正在睡眠中的身體呢？說她只是夢裡的幻影、物質內竄動的電流，她會一笑置之不以為然，直稱實在太荒謬。然而身體隨時可能受到噪音或光線刺激而清醒，幻影瞬即消滅，整個夢境化作泡影，連痕跡也不剩。

我也曾有過類似夢境，躺在床上貌似醒著，但另一個我換好衣服、開燈進浴室，接著步入幽暗樓梯間。真的醒過來，我下床照著夢裡的內容活動，彷彿列車走在軌道上。有一瞬間我以為自己預見單調平凡的未來，能夠掌握幾秒後發生的事情。哪個我比較真實？未來的自己？還是我並非向來以為的停留在當下，而是在過去？自己可能受困某個機制，任由一隻隱形的手擺布而不自知。現在想起這個夢我依舊不安，懷疑是不是陰錯陽差目睹了人生舞臺的幕後真相。

蘇格蘭哲學家托馬斯・里德（Thomas Reid）在一七七五年致凱姆斯勳爵（Lord Kames）的信函中提出一個問題，後來稱為替身問題。里德想知道的是：如果他的大腦因故死亡，但幾百年後以新形態復活重生，「請問那個個體是否依舊是我？如果用我的大腦能夠做出兩、三個同樣的個體，全部都算是我？算是同一個智慧生物嗎？」換個角度陳述，也就是能否維持連續性，若不能則代表原本的他消失，被新的他取而代之？對於想成為生命工程師、逃脫動物形態的人，替身問題值得深思。

近年來則有哲學家安迪・克拉克（Andy Clark）與大衛・查爾莫斯（David Chalmers）提出心靈延伸論（extended mind thesis），其根據為「環境在推動認知過程中扮演主動角色」。查爾莫斯提出的心靈延伸範圍涵蓋整個人體與其外在環境，相關哲學討論十分迷人。例如以外物取代器官功能[33]、參與思考就是一種心靈延伸；心靈是思維的一部分，卻並非來自人類身體。「主體的認知過程與心智狀態可部分由外物構成，主體與外物透過認知進行互動。」這個理論使整個身體與環境都成為心智生活的一部分，也容許生理機制不具關鍵地位的可能性。

哲學家透過思想實驗思考心智生活究竟包含什麼成分、如何加以分類。不過這些終歸只是理論。身體的思考或許有部分可以轉換到人機合成的裝置，但目前無法證明能適用所有器官，而某些器官的意義確實比較大。有些人認為更換肢體對生活和自我認識不會造成太大改變，但或許對身體的改造超過一個門檻，就會造成主觀經驗徹底轉變，於是生出不同的人格，甚至特定情況下導致人格消亡。

艾比蓋兒與布莉特妮・韓瑟爾（Abigail and Brittany Hensel）是雙頭連體嬰，她們表示會有一個覺得熱、另一個覺得冷，或者一個人覺得肚子痛，但痛的

33. 譯按：實際上兩位哲學家提出的範例是電腦、日記、筆記之類能協助記憶的工具為主。反論認為心靈延伸論出自邏輯混亂（將因果關係視為結構關係）、過度擴張「認知」定義、刻意模糊內外在界線等等。

位置在另一個人那邊等等情況。「很好笑吧？」女孩這樣說。兩人的人格界線明確，類似案例有時候可以成功分割。乍看之下似乎我們的直覺獲得印證，人的體內有個真正重要的人格，肉體怎麼修改都無須擔心。重點是連體嬰的意識得以留存就好。

可是若納入顱骨連體嬰這種罕見案例，事情就變得複雜了。二〇〇六年加拿大有對新生兒，名字叫做塔提亞娜與克莉斯塔·霍根（Tatiana and Krista Hogan），兩人頭部相連。她們也有各自獨立的身分，但兩人的體驗以不可思議的方式相連。雖然她們如雙頭連體嬰各有一個大腦，但顱骨連體嬰可能會出現神經外科稱之為「丘腦連接」（thalamic bridge）的情況，彼此心智經由一塊組織相連。姊妹之中，一個喜歡番茄醬，一個不喜歡，可是一個人吃兩個人都會有味覺。此外，一個人被觸碰，另一個人也感覺得到；一個人閉上眼睛，另一個人會知道。某個程度內，姊妹不必開口也懂對方心思，她們形容這是「在腦袋裡聊天」。克莉斯塔與塔提亞娜是有重疊的個體，一般人習以為常的意識經驗隱私性對她們而言意義不同。但我們不必對兩人的經驗大驚小怪，她們就是身體光譜上的一個點。問題在於我們是否期待未來科技為人類搭建出某種形式的丘腦連結，讓意識像楓糖漿鑿個洞就流出來？

停留在觀念層次好像無關緊要，進入實務層次則有些不同。過去十年左右，一支義大利和中國合作的神經科學團隊嘗試研發新的腦部移植。瑟吉歐·卡納維羅（Sergio Canavero）認為自我「只是錯覺，可以自由操作」，他假設「人類自認的獨特性全部藏在大腦裡，軀體其餘部分只是輔助系統」。卡納維羅與同僚任曉平以狗與猴做完實驗以後，目標開始放在人類遺體。前幾年該團隊宣稱成功將兩隻老鼠交換頭顱[34]，然而此研究招致許多憤怒與質疑，也因為沒有經過同儕審查逕行發表而遭到批判。類似現象在醫學尖端領域算是常態，不久前心臟移植也引發焦慮，甚至排斥，現在已經普遍被接納。如果所謂人格是心智機制的詐術，身體也只是精密的拐杖，似乎真的沒什麼好擔心？然而現實中未獲足夠探討的問題是：器官移植對受術者造成嚴重心理負擔。

康瑟塔·帕斯奎爾（Concetta de Pasquale）研究發現，接受腎臟移植的病人雖然生命獲救，手術後卻非常煎熬。新器官擾亂病人整個生理系統，從神經元啟

34. 譯按：該團隊於二〇一七年宣布在人類遺體完成換頭手術，同樣遭到許多質疑。

動到荷爾蒙分泌都出現變化。換言之，器官移植可能導致「嚴重身心危機，病人必須動員所有生理、心理、社會資源以適應外來的器官」。帕斯奎爾認為這或許會導致「可能的精神病學上的不良影響，因此造成自我表現與身分的變化」。手術完成後的幾個月裡，病人會經歷所謂「精神混亂」的狀態，伴隨的症狀還有焦慮、幻覺、錯亂、劇烈的情緒起伏。如果不是某個看不見的器官，而是整個身體徹底改變，會有什麼結果？

鯨魚的夢

現代人常常忘記我們對周圍世界的基本假設就只是假設。這句話並非指控科學方法有瑕疵，科學已經提供我們相當充足的證據。然而某些事情至今無法確認，或許也有些東西我們始終誤會。發生這種現象不足為奇，歷史已有太多前例。但這些知識模糊地帶很容易被有心人利用，將欲望和似是而非的論點巧妙糅合。將近一世紀，人類認為大腦以電流為主，就像邏輯構成的電腦安裝在肉做的機器頂端，解碼這臺電腦就能理解自身本質和身體機制。但這種觀點或許將來也會被付之一笑，就像以前歐洲頂尖醫師們曾經為了分析靈魂而解剖青蛙。同樣的知識變遷或許五十年之後也會發生在神經本質論上，現在他們相信大腦在某種意義上與自我或人格是相同的概念。

多數科學家不贊同二元論，神經科學家亞倫．加沙諾夫（Alan Jasanoff）認為，「至少不會有意識地贊同。」但他同時表示自古流傳的身心分離觀念其實持續至今，反映在現在流行的「我即我腦」（we are our brains），以及將心智視為軟體的比喻。先前數十年，我們以演算法解釋一切現象。電腦依靠演算法展現超乎人類的智能，但具備的意識知覺比不上烏龜或者任何生物。加沙諾夫表示，其中一個可能理由在於神經生理並非意識成立的唯一條件，意識需要細胞、荷爾蒙與神經系統之間多方向交織而成，遠遠不是那團「濕濕糊糊的組織」所能解釋。他提醒大家，大腦透過神經元的互動產生電脈衝才能交換訊息，但我們的大腦細胞有半數是膠質細胞，這些非神經元的細胞是中樞與周圍神經系統的一部分，據信在溝通和神經可塑性中扮演一定角色。

過去十幾年裡，醫界發現大腦與腸子之間持續透過各種化學物質與細胞互動。腸子體積極大，自有一套腸神經系統與中樞神經系統交流。腸神經系統的發育關鍵之一是神經脊前驅細胞，它們在胎兒於子宮發育的時期就移居到腸子，包覆整個消化道外圍。人類腸子裡有數百萬、數千萬極微小的有機體，稱作微生物群系（microbiota）。這些微生物扮演人體健康的關鍵角色，功用包括分泌抑制發炎的物質、支撐免疫與代謝的營養素和維生素，除此之外還能調節腦部機能。麻省總醫院（Mass General Hospital）外科醫師亞倫・戈茲坦（Allan Goldstein）稱腸道為「第二大腦」。

同樣在過去十數年間，針對微生物群系影響情緒及行為的研究越來越多，且指向憂鬱症和思覺失調。實驗發現若從憂鬱症患者腸道取出細菌，植入老鼠腸道內，老鼠會出現類似憂鬱症的行為轉變。其他研究則發現泛自閉症光譜疾患的腸胃道症狀比例較高。試圖分析性格的恆定模式中，學者發現諸如責任心與神經質等特徵與消化道內的變形菌數量有關，如幽門桿菌、沙門氏菌。所謂「腸漏症」（leaky gut）是指細菌和毒素大量穿過腸壁，統計顯示有這種問題的人會經歷性格轉變，焦慮最為明顯，也有免疫系統方面的症狀，如發炎。

相關研究成果也被放在嚙齒動物和其他靈長類身上驗證。在二〇一八年的一項新技術展示中，死老鼠被轉換為如塑膠的透明狀態，方便學者更詳盡觀察細胞如何互動。這項叫做 vDISCO 的技術，使我們能看到腦部損傷對身體其他部位的神經和免疫系統造成什麼影響。方法是先將死亡的老鼠浸泡在溶液中，剝除脂肪與色素，之後小小身軀內流動著會發出綠色螢光的奈米抗體，在顯微鏡下能夠清楚追蹤，看起來是一幅幅動物身體平衡協調的閃耀美圖。它們揭露將心智獨立於肉體會遭遇怎樣的問題。

二〇一八年六月，我在美國進修時曾帶家人前往鱈魚角的伍茲霍爾海洋研究所參觀，有幸認識哥倫比亞籍神經科學家羅多佛・李納斯（Rodolfo Llinás）。他花費幾十年時間研究烏賊巨大突觸（squid giant synapse）。這種突觸是自然界最大的化學樞紐，也是牠們能夠在深海噴射突進的關鍵。雖然藏在形似外星生物的動物體內，巨大突觸提供人類一個範例瞭解各種化學突觸如何運作。

李納斯向我提到，人類必須承認自己對於智能或意識的掌握還十分皮毛。在他看來，意識大致分為兩種定義：一種是對於周圍環境有覺察並能夠回應；另一種則是對自身知覺的認識，彷彿有個人格體驗一切。至於智能，就是運用知識或技能，無論來源是本能或學習。換言之，所有生物都具備智能，「智能是細胞本身的性質」。

某些形態的覺察使生物能夠做出較具智能的互動以延續生命。生命系統以多細胞形式整合以後，內部必然得構成組織，不過這個能力隨演化而專精。植物獲取資訊之後也會對自身造成改變，只是動物神經系統在這方面的能力更獨到。有了分散的神經系統以後，為了控制肢體動作就需要大腦。李納斯認為意識之所以出現，或許是為了協調多肢體的複雜動作，所以與小腦內控制動作的分叉細胞「普金斯細胞」（Purkinje cell）可能有關。一九八〇年代，李納斯的研究團隊發現哺乳類動物的普金斯細胞內有P型鈣通道（P-type calcium channel），對神經系統與心臟、興奮性突觸，以及抑制性突觸末端分泌荷爾蒙都十分重要。

試圖定義人類最重要的部分時，我們很容易陷入對於主觀意識的迷思，進而對更複雜的現實視而不見。截至目前為止，仍沒有人知道意識究竟如何形成，但可以肯定它包含了極龐雜的細胞內性質。地球上所有動物的腦部皆具有共通性，再考量到多細胞生物的身體和腦呈現高度相似性，那麼按照簡約原則（principle of parsimony）[35]，至少部分動物也具有主觀經驗。李納斯主張在某些層面上，主觀性就是「神經系統的功能，從演化最原始的階段開始」。意識這個詞很方便，但它是個整體的功能，始於生理結構又向外擴張。我們當作生命中心的人格來自身體，是感官與詮釋的碰撞，而詮釋的意義由中樞神經系統所賦予。

無論如何，意識現象高度複雜，且深植於有機體整體與環境的交錯中。以哺乳類動物來說，中樞神經系統連接身體每個部分，神經長度加起來可以繞地球半圈，其中包括腸子、神經節以及脊椎。人體結構不只為了我們的需求量身打造，也是為了這個星球訂製而成。枕骨大孔是顱骨後方中央讓脊椎通過的一個孔洞，它之所以存在是因為腦部太大的話頭會下垂。但人類子孫腦部越來越大，這個開

35. 譯按：即「奧坎姆剃刀」。需注意簡約法則並非邏輯上不可辯駁的定理或科學結論。用於生物學，一般是指「演化變異步驟最少的假設最好」，然而簡約法則並不永遠適用，資料量龐大時可能失去意義。

孔的位置也不斷向前移動，否則我們會沒辦法行走。大眾驚嘆文明的力量可以奔月，卻不思考為什麼我們在那邊無法走動。離開地球，重力場變化將導致肢體活動和思維模式都不同。人類的腦與身體奇蹟般適應了母星環境，我們就是屬於這個行星的生物，我們的意識具有「受質依賴」（substrate dependent）[36]特性。也就是說，如李納斯畢生研究所示，想將意識從肉體獨立出來絕非易事。

李納斯不相信意識可以存在於非生物。有機體才具備「維持系統各層級存活」的能力，這就是機器要產生意識所受到的局限。但智能則是另一回事。「肝臟具有智能，」他這樣對我說：「心臟也具有智能。它們沒有自我覺知，卻還是能好好完成工作。」所以人類能在機器中創造智能、模擬不存在的覺知並不奇怪。可是現代社會對機器智能有種怪異的焦慮，而他不認為無機的形式可以創造出意識。

晴朗六月天，我們閒聊到一半，李納斯的同事走進實驗室操作儀器。被打斷以後，我們的話題轉向做夢這檔事。李納斯提起自己會和孫子女開玩笑，說睡覺就是「每天晚上死一次」。實際上睡眠期間，在快速動眼期能測量到意識，但快

36. 譯按：表示作用受到作用對象或作用環境影響，討論意識時通常「受質」代表意識依附的物質，例如神經系統或特定機器。

速動眼期之外則否。多數陸地哺乳類動物都有快速動眼期，夢境也在此時浮現，讓貓在腿上睡覺過的人應該都懂。觀察遭到囚禁的鯨魚，會發現牠們睡眠中出現類似階段。鯨魚睡覺時就像戲偶般被看不見的絲線垂掛在十五公尺深的海底，牠們腦袋裡究竟冒出了什麼畫面？人類為什麼不對這個現象多點好奇心？連環境裡其他生物的意識潛能都尚未徹底發掘，我們為什麼自認能夠透過機器弄明白？

我見到李納斯時他已年過八旬，但好奇心不減。類似意識但又不具意識是怎樣的狀態？人的知覺來自什麼物理過程？是像分泌汗水那樣嗎？或者更接近肌肉纖維繃緊的機制？某個關鍵環節的資訊，人類至今尚未尋得。他希望將來某一天，某個人能夠徹底理解意識，並認真對待相關知識。「只要知道有個人真正搞懂意識這個主題就好，」李納斯告訴我：「就算不是我自己，我也死而無憾。」

第四章
自絕於世界之外

萬物在自然各有其所，僅人類在形上層面始終流離，迷失於生命，自絕於世界之外。

——艾米爾・蕭沆 Emil Cioran

慌恐、病原、獵食者

幾年前兒子年紀還小，照顧得累了，我會到住處附近的樹林裡散散步。有天天氣寒冷，濕潤土壤上凝結許多小霜柱，就像冬日在地面灑下一顆顆卵。當時我很欣喜，可是片刻過後察覺不妙，心跳快得莫名、掌心不斷冒汗，彷彿被無法控制的外界力量鑽進體內試圖摧毀自我。

上述現象就是恐慌發作。這種突如其來的恐懼是動物性在人體上的展現。好像有種狂野埋在理性外殼下，某些情況下再也壓抑不住，它逃了出來、大鬧一場。陷入恐慌的人感官昏眩但又敏銳，隱藏的感受湧出後掩蓋了平日經驗。

陷入非理性恐慌的人思緒混亂，會試圖尋回自我控制，不斷告訴自己**沒事**、

沒事，同時卻又覺得世界快要終結。大腦語言中樞努力說服自己，可是身體其他部位大量分泌正腎上腺素與血清素以因應想像中的威脅，明明雙腿顫抖卻又想拚命逃跑。不過時候到了，恐慌就會衰退，恐懼消散之後自制回復。經歷過這種無來由恐慌的人時常會責怪自己反應過度，然後感到疑惑。種種情緒逐漸平靜，取而代之是更難過的感覺，也就是不解與羞恥。那種怪異且無法控制的狀態究竟是怎麼回事？

有些人立刻能辨識這種經驗，其他人則不一定。但無所謂，即使沒感受過恐慌的人也同樣明白一件事：在自我的某個地方有個神祕且不協調的領域。許多因素可以觸發恐慌，有時候是壓力太大，有時候則毫無線索。恐慌主要的形式是超敏反應、身體感官的變化，還有感覺被困在某個快要死滅的東西裡。恐慌發作的那個冬日，我心跳急促，莫名的恐懼盤踞腦海，大約十五分鐘過去之後才隱約意識到十分簡單的道理——我終於明白身體為何恐慌，它是為自己感到害怕。

作為動物本身就代表恐懼。與其他生物一樣，人類的身體會受傷，原因可能是自己不樂意的性行為、暴力攻擊或精神壓力。很多人不喜歡動物身體的各種特性與可能遭遇的苦痛，從需要排便到癌細胞擴散都包括在內。除此之外，還有更具體的外來威脅，也就是病原體與獵食者，所有生物都面對這些問題。動物發展出許多手段對抗想侵犯自身的其他生物和病毒。

春天掃除時，可以特別留意木蠊在自己窩裡排便的現象，其實這是因為牠們的排洩物具有抗真菌的效果。某些甲蟲會在地面滾動，目的也是在身體裏上能殺菌的泥土。科西嘉藍雀會挑在薰衣草周邊築巢，以便驅除蚊子。白蟻為了保護巢穴，也會分泌「萘」（naphthalene）這種氣體逼退天敵。

另一種需求是逃開獵食者的攻擊，於是地球生物有了豐富的行為模式。最有名的防禦手段之一出現在投彈甲蟲（bombardier beetle）身上，牠們能在體內混合媲美火藥的化學物質加以噴出，以此為武器嚇阻敵方。再來是眾所周知的「保護色」，一些動物透過偽裝融入環境不被察覺，藉此延長生存時間。二十世紀初自然學者亞力山卓．瑟斯諾拉（Alessandro di Cesnola）做了經典研究，他刻意將褐色與綠色螳螂放置在不同植被內並進行觀察，十八天以後鳥類就把不受環境隱蔽的螳螂都給吃光光。

當然，競爭和鬥爭也會發生在同物種成員之間，於是衍生出各種角力。靈長類生物學家桃樂絲・錢尼（Dorothy Cheney）說過一個故事：兩隻遭到囚禁的黑猩猩分別叫做盧特和尼齊，牠們爭奪主導權已經很久，後來有一次盧特居然用手遮住嘴唇，目的是掩蓋恐懼和屈服時本能浮現的表情，等到可以控制面部以後牠才回頭面對尼齊。對抗威脅也一樣，物種之間有不同策略，同物種不同個體之間也會想出不同手段。生物學家戴崔克・馮霍斯特（Dietrich von Holst）研究發現三隻鼩鼱競爭失敗以後的反應差異，其中一隻變得順從配合，另外兩隻單純就放棄而已。

不難想像人類身體也有強大的抗危險機制。之所以感覺餓與渴就是避免脫水與熱量不足。感官協助我們挑選與消化不同類別的食物，免疫系統自內部抵禦病原與其他致病成因。甚至心理機制，如噁心感，也是為了阻止我們接近可能的汙染源，像是腐肉或其他散發惡臭的東西。

所有哺乳類動物都展現了一個演化優勢：高效率的威脅處理迴路。即使原生動物也有偵測光線的能力以對應危險。然而繼續演化下去的動物不僅有了經驗，還一定程度能夠加以控制，於是衍生出種類繁多、還會拐彎抹角的行為模式。人類能意識到所有動物想避開的危險，包括影響存續能力的各種疾病與損傷。不過能夠意識到並不代表時時刻刻思緒兜著這些東西轉，而是我們知道且能察覺作為生命體所面對的威脅有什麼。明白世界如何不利於自身，為生活帶來強烈卻通常隱而未現的影響。

美國神經科學家約瑟夫．李竇（Joseph LeDoux）最初研究的是嚙齒動物如何因應威脅，不過他會成名則是因為一九七七年出版《心智分裂》（*A Divided Mind*），內容是他和麥可．葛詹尼加（Michael Gazzaniga）實驗中無心插柳的發現。他們觀察接受大腦半球切除術的病人，留意到人類能在不到一秒的時間內下意識察覺到可能的危險，但同時大腦另一處會建立敘事以解釋恐懼感從何而來。

實驗時，兩人展示危險或令人不安的圖像，但只在病人眼前一閃而過，時間不足以判斷究竟看見什麼，隨即測量病人的脈搏、掌汗等等恐懼反應跡象。測量過後，他們詢問病人為何害怕，病人們雖然說不出自己看到什麼，但給了無關卻詳細的解釋。

一個溫暖的午後，我前往布魯克林區威廉斯堡與李竇會面，那時候他正在寫作的題材是「人類的深沉歷史」。近幾年李竇提出新主張，認為焦慮症主因是對威脅的處理機制不同，以及恐懼和焦慮不該被視為同一件事，而是當作兩個系統看待才對。大腦與身體會做出行為反應並伴隨生理變化，自陳的感受則是恐懼和焦慮。還有錯綜複雜的認知、本能與自覺過程（內在的、依附想像力的時間穿梭），這些是人類特有的機制。我們身體緊繃並非因為認知不正常，而是因為我們想解釋隱藏在意識分析後的感受。或許也因為我們知道自己看見了不想看見的事物。

「恐懼來自於自己可能受到傷害的認知評估，」李竇闡述，「判斷成立之後，恐懼就從生存迴路和對自身存續的顧慮中浮現。」我們對獵食者做出反應，保護自己免受傷害及病原侵擾，同時我們也能辨識威脅，包括地位受到威脅，這種狀況又有微妙不同。維護地位有演化適應的理由，只是發展到後來是個天差地遠的現象。最初動物之所以在乎地位，是因為地位影響到競爭資源時的先後順序，地位降低攸關生死，所以整個身體都會發出警告。雄性靈長類特別明顯，疾病、死亡和老化代表權力和階級一落千丈。然而時至今日，人類面對社會地位的變化，血清素和雄性激素依舊出現可測量得到的波動。

目前針對焦慮症患者，治療重心依舊放在腦部古老的情緒部位杏仁核，可是並未獲得全面成功。醫界如此判斷是基於實際案例，該部位受創的病人無法對威脅做出身體反應。不過李竇認為這種思考過分簡化，人類對腦部很多層面的認識太過粗淺。比方說，我們已經知道腹內側前額葉皮質可以調節杏仁核，根據情境轉換而對威脅反應做出調整或壓抑，若這個機制失靈就會導致難以控制的焦慮感。大腦半球切除術之後，葛詹尼加繼續發展理論，他認為左腦扮演詮釋的角色，會在事件發生之後試圖理解、尋找理由。葛詹尼加團隊研究左半腦，證據指向其中一個部位負責敘述經過統整的經驗，也就是他所謂的「詮釋者」。

以人類為主題的研究有個傾向是尋找各種行為背後的主要理由。但根據長久以來的觀察發現，其實我們應該避免對原因做簡化。人類的認知有很大一部分似乎源於多種內在系統與過程的衝撞，再加上來自外界的影響。正是如此，我們要瞭解自己並不容易。意識是各種反應構成的迷宮，有演化出來的衝動、開放式行為、外界影響，再加上個人的記憶。心智原本就是不可思議的秩序與混亂交雜而成，妄想抽絲剝繭能期待什麼成果？每當人類試圖將自己這個物種化約為簡單的解釋，就會發現我們擺盪在清醒與虛幻之間，彷彿遠方有誰拿著遙控器不斷切換頻道。

葛詹尼加也明白表示，對腦部做簡約的解釋，無法說明我們認識的心智行為中糾葛交纏的種種元素。基於這種情況，想給出直截了當的演化解釋十分困難，因為只有部分過程有明確的適應跡象，其餘的則只是正好捲進亂局，因為我們有很多生理特徵彼此合作、具有多重目的。以工程的角度來看人類很麻煩，單獨特點缺乏直接意義，然而正是這種模式造就我們的行為複雜多變。身體與思緒的動態關聯是人類經驗中極為戲劇化的特徵。

明白人類就像其他生物，天生具有對抗威脅的機制以後，我們可以看見個人對危機的詮釋與記憶和所處社會環境交雜以後，已經偏離了原本的威脅。這是因為人類的意識總是試圖釐清自己在想什麼，感覺到危險就非得安上理由。

遺憾的是，我們現在不願承認許多感受和衝動最原始的來源，社會智能的效果是將那些想法排除在外。更明顯的一點則是，多數人生活的社會裡，主流價值要大家相信人類具有理性，能夠完全控制自己每一個選擇。但是觀察人類對威脅的反應，研究所呈現的是另一個現實。在精神病理學領域，研究者早就將常見的心理問題與防衛機制做連結。英國臨床心理學家保羅．吉爾伯特（Paul Gilbert）認為，許多偏執狂與別人造成的威脅有關，疑病症與強迫症則指向身體受創、接觸有害的東西，社交焦慮是地位降低的後遺症，分離焦慮則源於失去保護或支持的力量。

即便這些事情多數人都明瞭，大眾卻依舊否定人類就是動物，堅持文化與知識已經帶著我們脫離自然。可是我們能夠觀察世界與彼此，就是靈長類動物的社會心理所流傳下來的一個功能，忘記這點後果不堪設想。

在一起更好

許多動物趨向社會性，這個現象被視為演化上的重要轉折。從蝴蝶到狒狒，動物發現群聚起來更容易找到伴侶與食物。不過解釋團體生活的重點在於，個體面對威脅時會更有優勢——斑馬集結成群一起奔跑，獵食者看得眼花繚亂無從下手；鳥類若缺乏藏身之處，集合起來也會降低「危險範圍」。

但演化並非倖存者面對困難並將之克服這樣簡潔的結果，而是許多個體和事件複雜交錯，嚴格來說，其中任何單一改變都不能稱之為成功。演化得到的好處未必總能延續。以社會性動物來說，大體而言聚在一起是好的，然而群體生活可能產生新的問題或兩難。麻煩之一就是競爭，再來則是密集接觸等於給寄生生物、病毒、細菌擴大地盤的絕佳機會。

二〇一九年末，新冠病毒疫情從中國武漢爆發開來，許多人擔憂是另一次SARS。流行病學專家馬克．伍爾豪斯（Mark Woolhouse）對記者表示：「新一波傳染病從中國等地開始並不令人意外。」理由是武漢屬高人口密度城市，有將近一千一百萬居民。破壞性和接近性創造了人畜共通疾病出現的條件。只要靠得夠近就有可能傳染。當然我們知道是SARS-CoV-2這個病毒引起大規模的新冠疫情，導致全球各地許多社會和經濟停擺，造成數百萬人死亡。全球大流行病總是會使人口數量減少，就像它們對其他動物的影響，不論是透過流感病毒或病菌，帶來諸如瘧疾或黑死病。值得一提的是，過去這個世紀多數新興傳染疾病的興起，主要源於人類過度利用其他生物或牠們的棲息地。有時我們是禍從口入，有時是破壞了其他動物的領地。一旦病原體從動物身上跳到人類身上，我們的高度連結性將會加速病毒的擴散。

致病原對動物數量是場浩劫。不意外的是，動物群體也發展出許多額外的保護措施，補足個體防禦能力的缺口。社會免疫（social immunity）是一門新學問，二〇〇七年演化生物學家席薇婭・奎莫（Sylvia Cremer）將之定義為「被感染個體集合起來採取無私行為以服務整個社群」。原本這個現象的研究目標鎖定昆蟲，真社會性昆蟲各有不同集體機制對抗寄生物或病原在族群內的擴散行動：有些物種會將遺體搬運到巢穴外，也有些物種會採取隔離方式。好幾種螞蟻會本能地選擇墓地位置，比方說 *Temnothorax lichtensteini* 這種螞蟻會為同族遺體準備特殊隔間，非同族螞蟻則就地掩埋。類似防禦機制在看似社會行為不強烈的動物身上也能找到，學名 *Melanoplus sanguinipes* 的遷徙性蚱蜢經過演化適應，學會判斷死亡個體是否感染特定的寄生真菌以避免誤食。

一種生活在地底的白蟻容易被真菌孢子感染，於是牠們的身體發展出自動警報系統，以振動對彼此示警，而同窩的其他白蟻發現以後會將被感染個體隔離，避免疫情擴散。外來威脅與動物之間常常演變為軍備競賽。撒哈拉以南的非洲地區有種小甲蟲叫做 *Aethina tumida*，牠們以幼蜂和蜂巢內其他東西為食，但被成年工蜂逮到的話會被丟進樹液製成的監獄內。甲蟲不甘就此餓死，學會以觸鬚模仿蜜蜂的溝通模式，有時擔任獄卒的蜜蜂會上當，提供蜂蜜給牠們充飢。

近期莎菈．沃斯利（Sarah Worsley）研究團隊又發現一種切葉蟻與寄生真菌 *Escovopsis* 之間的競賽。真菌搶得先機，在切葉蟻群體的食物來源上生長。原本工蟻會採集新鮮葉片，葉片上原本就有另一種名為 *Leucoagaricus gonglyophorus* 的真菌，這種真菌對切葉蟻無害，反而會將葉子分解成牠們能吃的食物。後來

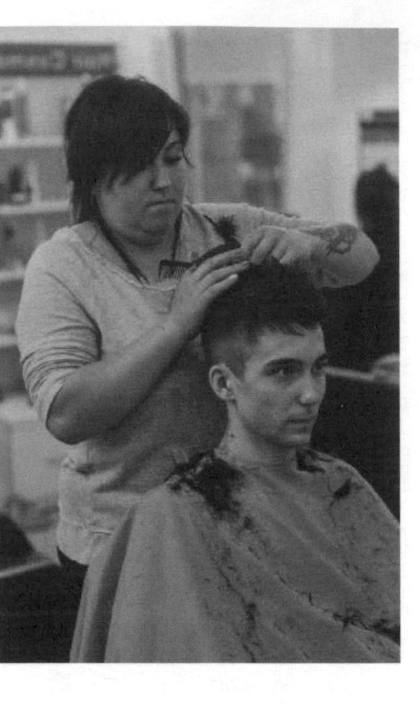

Escovopsis 真菌找到這個小天地裡的漏洞，螞蟻經過很多代又演化出體內殺菌劑，真菌為了生存竟也跟著演化出反防禦的化學手段，雙方就這樣糾纏不休。

二〇一五年，喬爾・慕尼葉（Joël Meunier）繼續完善社會免疫的概念，將其重新定義為「至少部分是由於提供反寄生防禦給其他成員」而成立的各種機制。以靈長類而言，社會免疫的經典範例就是「互相理毛」，在彼此毛皮上挑出寄生蟲。後來慢慢演變為人類尋求樂趣而花費大把金錢的髮型設計。然而對人類來說，透過協調行動彌補原生的免疫系統不足的潛力非常巨大，從盤尼西林到衛生下水道都是成果。新病毒如 SARS-CoV-2 被發現僅僅數週，國際單位提供各種建言、各國建立管制、實驗室開始分析新威脅並發布報告，大家都能及時知道如何抵禦，甚至消滅疾病。更不用說還有全球各地的醫院、醫護人員與醫療補給能夠彼此支援。就最基本的意義來說，醫院是人類建立的外部免疫系統。

動物合作抵抗危險的做法已經進入社會緩衝（social buffering）的概念。群聚生活可以讓某些社會性動物得到更好的感受，如人類。目前在許多動物身上都觀察到同樣的現象，與同物種其他成員一起生活能減輕壓力。靈長類學者法蘭斯・瓦爾（Frans de Waal）研究發現獼猴互相理毛能降低心跳速度。高度社會化的哺乳類經歷高壓力或危險情境以後，若能與成員共處，復原速度會比較快。相對來說，有這種行為的物種個體若遭到孤立會經歷嚴重的壓力。

傑森・伊（Jason Yee）的團隊對大鼠做了相關研究，結論是社會聯結（social bonding）有助幼年動物減輕壓力對身體造成的負擔，延長壽命與緩和某些疾病的影響。類似效果在蝙蝠、獅子、馬、狐獴、鹿身上都能觀察到。

松鼠猴在環境裡發現蛇，小小身體會釋放皮質醇這種荷爾蒙。知名內分泌學家漢斯・塞利（Hans Selye）於一九五〇年代首次嘗試分析壓力荷爾蒙反應。所謂壓力荷爾蒙，目的是讓身體預備好面對危險，然而其代價也不小。之後華特・布瑞佛・卡農（Walter Bradford Cannon）深入鑽研，發現動物在野外環境碰上可能危及生命的威脅時，身心會經歷的現象正是現在大家熟知的戰或逃反應。這種所謂過度警覺（hyperarousal）狀態的起因，部分是脊椎動物腦部杏仁核的腎上腺髓質釋放大量荷爾蒙，造成心跳加速、消化系統緩慢、血管緊縮，能量轉移給肌肉運用。人類恐慌發作時，所經歷的就是戰或逃的反應。

交感神經系統的荷爾蒙是我們「情緒經驗」的基礎，會隨著外界威脅而分泌。於是我們的身體會對環境中的刺激或獵食者做出回應，像是劇烈心跳與皮膚冒汗。只是這些反應會讓身體吃不消，所以人類和其他動物都有制衡壓力源的防衛機制。塞利研究發現，糖皮質素（glucocorticoids）可以控制壓力反應，以免體內平衡失調。

在研究社會緩衝的過程裡，學者發現松鼠猴遭遇威脅時，如果身邊有團體其他成員，釋放的壓力荷爾蒙皮質醇就會比較少。人類也一樣。這個現象有一部分是學習或養育所導致。相較於由母猴或團體養大的松鼠猴，成長過程遠離家庭的個體不會展現同樣的社會優勢。無論松鼠猴或人類，要能夠運用集體優勢，前提是在生命早期的重要關係中學會支持反應。嬰幼兒期沒有體驗到被保護和被照顧，長大以後透過社會關係緩和壓力的機會就比較低。

以人類而言，遇上困境時，社會支持對體內皮質醇的分泌、心臟和血壓的反應都有很大影響。好的社會關係對整體生理健康有重要意義，心理學家馬里奧·米庫林瑟（Mario Mikulincer）團隊發現，當察覺到危險時，尤其是攸關生死的威脅，人類會更注重拓展人際連結，從友誼到戀愛都包括在內。以色列社會心理學家吉拉德·希爾施伯格（Gilad Hirschberger）提出，恐懼會增加人們投入浪漫關係的時間。

想想自己的行為就會明白。我們每天有許多肢體接觸，像是握手、表達友善

的拍肩等等。各種壓力結束後，許多人會選擇游泳，讓四肢在水中活動伸展。也有人會去按摩，靜靜趴著讓另一個人的手在皮膚上規律移動。即使沒有這些資源的人也會去公園散散步，或者找人相伴窩在家裡休息。連小孩子也會一起在地上打滾笑鬧，大人們則喜歡伸手輕拍他們的頭、撫摸他們的肌膚，或蹲下來嗅嗅孩子頭髮或頸間的獨特氣味。我們習以為常的生活模式其實都是動物群體生活的寶貴經驗。過去幾十萬年裡人類祖先朝著共同生活演化發展，即使現代文化選擇遺忘，我們的身體卻還記得很清楚。

共享夢境的撫慰

九一一事件發生當下我還在英國求學，二十多歲開始才長居紐約。前往原爆點現場的第一次經驗歷歷在目。我抵達福爾頓轉運中心，朝著廢墟走去，那時外面還有圍牆阻隔，除了監視器之外能看見戴著工地安全帽、穿上橘色背心、神情十分嚴肅的警察在周邊巡邏。前面一塊區域擠滿遊客，大家舔著冰淇淋，呆望被夷平的那片空曠。附近有些告示牌，上面大字寫著「現在什麼情況？」，底下則解釋幕後的再開發工程進行到什麼階段。告示牌旁邊還有白色海報，「為紀念館貢獻一分心力，請上 www.buildthememorial.org」，下面粗體字強調：**是時候了**。雖然現場針對未經許可的海報或留言發出警語，還是能看到很多人名、日期、照片，或者各種墨水畫下的愛心、星星等符號圈著逝者姓名。

我佇足一陣以後被遠方清脆鈴聲吸引過去。第一個路口左轉後的社區很清幽，聲音明顯從裡面傳來。我繼續深入，找到一棵在陽光下閃閃發亮的樹。高處枝頭的風鈴旋轉舞蹈，矮枝與樹葉間則掛著許多紙條。我拉了一張過來讀。當天晚上我在日記寫下：「為了逃離記憶……若我們有翅膀……很多人會飛走。」下筆時我就有印象，但沒能立刻想起出處。隔天上網搜尋才想起來是艾蜜莉．狄更生（Emily Dickinson）的作品。她最後留下的意象是鳥兒看著「人們逃離／人類的心」，彷彿我們能像孩子一不留神鬆手的氣球，告別內心糾葛飄然遠去。

九一一是樁悲劇，由意識形態、動機差異、侵略與絕望交會形成的一個奇點。然而不分時代與文化，這類慘劇屬於特殊的人類現象。沒有黑猩猩或美洲豹會因為腦袋裡想像的東西就殺害彼此，甚至採取自殺式攻擊。從這個層面來看，人類確實獨樹一格。但明明見證了同族之間困惑難解的暴力行為，我們卻堅持相信意識完全受控，以為經濟學、哲學思想、歷史事件能夠作為指引，反而捨棄自己身體訴說的故事。但同時掌權者一直深刻理解多數人不願承認的事實：人類是動物，對威脅會產生能預測的反應，這是可以利用的生物機制。

與其他社會性動物一樣，人類覺得數大就是安全，與同團體成員的關係能帶來慰藉。只可惜因為我們的智能，事情又變得複雜。由於我們的心思極其有彈性，看待威脅動物生命的事情就像隔著一層濾鏡，許多詮釋充滿想像、十分誇張。身為社會性動物，我們有群體式的世界觀與共享的夢，彷彿彼此理毛是為了救贖、彼此按摩是為了不朽，而維護對於死亡的認識是因為那些觀念能使人類免於死亡。於是當動物努力克服生命威脅的時候，人類的心理傾向反而是維護用以克服威脅的意識形態。直白一點地說：我們彼此鬥爭、乃至於自相殘殺的理由，常常來自本意在於保護人類的思想。

過去幾十年，許多研究指向值得深思的結論：遭遇無論是真實抑或想像的危險時，多數人的反應是強化既有的世界觀或文化觀。還有其他研究發現，威脅導致人類更想符合團體內的常模。哈佛心理學家卡洛斯・納法瑞特（Carlos Navarrete）的團隊設計一系列調查，請受試者模擬需要適應的情境。他們在美國與哥斯大黎加進行六次研究，發現如果是社會團體能處理的情況，在愛國主義作家和社會批評者之間，受試者會傾向前者；若是其他主題就沒有這麼明顯。

還有一些針對人類行為的研究找到「直接威脅」與「主流意見」之間的關係。一個橫跨三十國的計畫得出備受爭議的結論：寄生生物的危害程度與社群內的政治意識形態相關。傳染病嚴重的國家更傾向獨裁政體、集體主義與宗教，對病原較敏感的人會更注重傳統規範。然而解讀這些研究必須謹慎，不能直接認定意識形態的選擇與病原或敏感度有直接的因果關係。根據現有的資料，病原存在與否、人們對病原的態度，或許能夠左右個人傾向團體的程度。即使現階段看不到明確影響，但若放在未來可能出現的超級都會、數千萬人比鄰而居的環境下，則又另當別論。

其他研究顯示，令人恐懼的事件或威脅會強化成員對所屬團體的認同感。愛國思想如民族主義似乎能夠提升人類內心的安全感。相關研究在各種不同文化裡都進行過。廣州大學心理學家杜洪飛發現，不分文化背景的人都會藉由強調傳統價值減輕對於威脅的憂慮，但不同文化內的常模會導致性質差異，例如中國受試者較傾向集體主義，奧地利受試者則較傾向西方個人主義。

由此推演，當一個人所屬的團體或世界觀被動搖時，內心會產生強烈的危機意識，有時還會引發嚴重後果。換言之，對人類而言，文化或世界觀受威脅的情況，間接等同於免疫系統遭攻擊。心理學家杰洛恩・斐斯（Jeroen Vaes）認為，當我們感到恐懼或認知到威脅時，會開始視自己團體的成員是更優越的，意思就是外人變得比較不像人，無需以道德標準對待。在針對以色列受試者的實驗中，吉拉德・希爾施伯格發現，面對生死存亡會讓人主張自己的信念具優越地位，實務上則反映在吸收追隨者與詆毀敵對陣營。「在特別殘酷的案例中，」心理學家馬特・莫泰爾（Matt Motyl）提到：「會有人支持或付諸行動，殺害威脅到自身價值體系的對象。」另一項研究裡，傑夫・施梅爾（Jeff Schimel）留意到，當個人的文化世界觀遭受威脅時，內心會產生對死亡的恐懼，即便針對受試者情緒狀態加以控制依舊不變。換言之，在極端情況下，文化面臨毀滅危險時，部分人會認為自己的生命也要跟著消失，而且很矛盾地可能有人決定自我犧牲以幫助認同的團體，儘管團體存在的最高宗旨就是保護成員的生命安全。在人類社會中，本該為個體帶來好處的同儕情誼，可能反客為主演變為暴力。

九一一之後，有大量研究試圖追蹤該事件對政治造成什麼衝擊。二〇〇一年，針對成年人及未成年人進行的國家調查發現，超過九成的人因為那次慘劇出現壓力症候群，多數人為此想透過宗教、朋友、自身認同的團體來撫慰情緒。過了一段時間，二度調查則發現除了與事件有較直接關係的人，大部分訪查對象的症狀已經消失。不過自新世紀初到二〇一八年的追蹤發現，受到事件直接影響者，有很高比例的人政治傾向轉趨保守。學界對此提出理論，認為思想體系的正統性和穩定性受到威脅時，人們會展現防衛心態。在九一一事件中，受到威脅的理念就是美國自身。

「保守派」一詞其實包含許多不同的政治與歷史意涵。目前我們可暫時將之定義為：強烈偏好國家主流的世界觀內常見的傳統價值。從這種較不具政治解讀的角度來看，保守路線的吸引力在於它所描繪的現實十分明確、一致且穩定。喬治・博南諾（**George Bonanno**）與約翰・喬斯特（**John Jost**）發表的研究引發爭論也值得深思，他們指出九一一恐攻事件的倖存者在事發過後數月或數年趨向保守價值觀，與復仇心態、軍國主義有關，伴隨憂鬱和壓力的增加。然而這不能解釋成保守思想導致憂鬱。近年來喬思特完成後續研究，結論反而是自陳保守的人，自評的幸福感也高。所以恐怕得換個方向思考：在明確而僵化的世界觀底下，恐懼也特別強烈。

不得好死

只靠政治、歷史、文化詮釋世間一切，等於自願放棄某些寶貴的智慧。捨棄自身為動物的事實，某些行為背後的動機很難徹底瞭解。現在很多人對政治或宗教上的宿命論極端敏感，詮釋這類研究結論時也的確應該謹慎小心。不過可以肯定的是，人類確實將威脅應對機制挪用於意識形態上。

心理學教授潔美．戈登保（Jamie Goldenberg）的研究主題是我們對動物、對人類身體、身體的產物與生理過程，為何表現出根本的噁心反應。其實根源部分來自身體對疾病的免疫反應，但噁心似乎在恐懼或壓力情境下更加放大。自二〇〇一年開始的一項研究中，實驗組被要求書寫自身的死亡，對照組則書寫其他主題。書寫完畢以後再填寫強納森．海特團隊設計的噁心敏感度問卷。在與身體產物、動物相關的題目上，例如「在公廁看見沒沖掉的排洩物」和「看見蟑螂」，剛想像過死亡的受試者噁心感特別高。由於人類是社會性動物，有心人要操弄這種機制並不困難。

對我們想要排除或攻擊的目標採取刺激噁心感的比喻舉世皆然。二〇一五年，中東與非洲經歷動盪和災難，大量難民湧向歐洲國家，《太陽報》曾經形容「求助的人如蟲群肆虐英國」，時任首相的大衛・卡麥隆也將那次危機描繪成「人群如蟲群橫掃地中海」。本該得到同情的對象被當作病毒和害蟲看待，這種言論令人膽寒。

不過在未來世界裡，人口比現在還要多出數十億，資源短缺的情況更加嚴重，還有氣候變遷會導致大規模遷徙。二〇一七年就有將近一千九百萬人因為天災被迫搬家。一九一四年前的數十年間，地球總人口的一成流離失所，然後二次大戰再創高峰。下次的世界性危機又會是什麼情況？伴隨人口與種族議題，世界觀的攻防戰會白熱化，看看目前老牌民主國家也燃起民族主義和民粹主義就是徵兆。

網際網路發明人提姆・柏內茲・李（Tim Berners-Lee）於二〇一八年表示：「人類透過網路科技連結之後的行為是個反烏托邦故事。網路上充滿霸凌、偏見、歧視、極化、假新聞，太多層面已經崩壞。」世界經濟論壇調查發現，有所謂的「網路種族主義者」存在，他們透過社群網站與論壇散播種族歧視並強化自己所屬群體。此外，網路上的族群偏見不分理念內容有十分相似的模式，吸引支持者的手段包括利用幽默感操作資訊接收、選擇性呈現新聞促成自身目的。

同時也該注意某些類型的領袖特別擅長挑起民眾恐懼以鞏固權威。位於權力結構高階的人時常以威脅為工具刺激民意。一九八四年，美國雷根總統釋出一支名為《熊》（*The Bear*）的短片，內容是灰熊在樹林裡徘徊獵食，象徵蘇維埃造成的威脅。這個意象成為他的競選主軸，也合理化增加軍事開支的政策。二〇〇四年，美國依舊處於九一一事件陰影，小布希的競選廣告也是狼群在樹林聚集；選戰末期小布希與對手約翰·凱瑞（John Kerry）競爭激烈，廣告意象顯然是指選擇凱瑞等於放棄國家安全。小布希更進一步對支持者說，那年的選舉會決定「反恐戰爭」的結果，其他宣傳中旁白訴說自由派和民主黨在世貿中心炸毀後仍刪減情報及國防預算。與凱瑞一同參選的約翰·愛德華茲（John Edwards）立刻對此做出回應，在佛州造勢大會指出小布希陣營「用樹林周圍那群狼恐嚇大家」，問題在於恐嚇真的有效。

時間拉到更近，在分析恐怖組織 ISIS 的阿拉伯語推特帳號的過程中，政治學者莎菈·哈瑪德·奧庫瑞尼（Sara Hamad Alqurainy）率領的研究團隊找到了固定公式，也就是說他們重複以同樣手法煽動支持者對西方人或提出異議的穆斯林採取暴力行動。公式的開頭是拉開兩邊的距離，包括利用文宣「將目標團體或個人形容為低等人，或不是人的劣等品」、不像其他人類能表現出溫暖或尊嚴等等。這種形象很快讓支持者合理化自己的暴力行徑。

學者曾針對近年美國總統候選人的非人化詞彙進行統計，發現其他候選人在整個選戰期間只有零到八次，川普一個人卻有四百六十四次。美墨邊境的非法移民問題確實存在，但川普反覆指稱那些人是「畜生」（animals）和「瘟疫」（infestation）。運用這類詞彙可以鼓動閱聽者，降低他們對整體環境的同理心程度，鼓勵公民和選民強化對所屬身分團體的向心力。無論我們贊同或反對某位領袖的政策都該重視這樣的機制，因為掌權者訴求人民恐懼時，投票者很難確認自己是否遭到操弄。

操弄人類的恐懼機制和社會傾向並不局限在詆毀外人，有時為了鞏固權威也會強調特定團體、文化、國家的優越地位。近年來中國政府在習近平領導下投注大量資金於宣傳，透過許多管道宣揚共產政府的政績和理念，順便打壓反對者。記者路易莎・利姆（Louisa Lim）與茱莉亞・孛根（Julia Bergin）針對中國例外論（Chinese exceptionalism）背後的支持力量進行大量搜證，發現形式小自審查對其不利的歷史論述，大到直接掌控媒體。根據習近平的說法，種種行動是希望「能好好說中國的故事」。事實上塑造國家美好形象並非特例而是常態，世界各國的慶典活動中也都有軟性宣傳（soft propaganda）。不過以德服人和以力服人之間是條微妙的界線。

人類始終沒有好好反省這些傾向及其惡果。每當察覺自己的世界觀遭牴觸，我們便會嘗試壓迫對方。即便只是不同的選擇，比方說性偏好（sexual preference）、信仰、政治候選人等等，只要不一樣，就足以構成威脅，憎惡因此理由充分。如果試圖非人化對方，無論手法多細微，結果往往都會走向否定對方的人格，覺得他們沒有完整的心智和感受。要是從對方的生活中找到噁心之處，我們甚至會說服自己透過殘酷暴力使其屈服。當我們越感到恐懼，我們越該放大檢視自己的一言一行。

人類神話

現代文明試圖逃脫部落傾向，將人類轉化為同理與憐憫的根源。經歷過第二次世界大戰，很多社會改革與法律制度也以此為目標。進步主義的理念依附於人類的獨特性，其假設是智人為自然界特例，相對萬物有最高地位。但以更高層次的階級思想去壓抑另一種階級思想的危害，不啻鐵錘笨重就換木槌。該記住的是，身為人類代表屬於一個團體，而不是強調物種。無論願不願意，這個問題我們都得面對。

人類獨特且實質優越的意識形態已是社會主流，學術研究都能加以引導利用。西北大學心理學家努爾．克提利（Nour Kteily）團隊，以傳統上描繪猿猴演化為人類的體態和文化差異圖為測量工具，請受試者針對不同地域的人類做評分。這張圖操作我們的潛意識假設，將現代人視為演化終點。然而前提已經是錯的了，又如何引導出人類內在的良善[1]？

1. 譯按：實驗過程為：讓美國白人為主的受試者先觀看演化圖，之後要求他們對不同群體的「演化程度」做評分。在實驗結果裡，「歐洲人」為 91.9，美國人為 91.5，瑞士人 91.2，日本人 91.1，法國人 91，之後如中國人 88.4、南韓人 86.9、墨西哥移民 83.7、阿拉伯人 80.9，「穆斯林」僅 77.6。實驗目的為測量呈現美國人潛意識中對其他族群的偏見。演化圖確實操作了人類心理，但只是可以替換的引導工具，本身正確與否和研究動機及結論並不相關。

這種心態最直接的問題在於導致現實世界中充滿威脅。我們的本質與我們自認的本質彼此矛盾。基於階級式世界觀，我們否認自己是動物，與此扞格的說法都會危害世界觀。於是任何將人類和動物連結起來的事物都變得令人生厭，甚至成為人身攻擊，連這本書書名「忘了自己是動物的人類」恐怕都會引發部分讀者的不悅。

社會上也有很多對於動物身分的抵制思想，針對死亡的詮釋尤其如此。海德格就說過：「只有人類會死（die），動物僅僅消亡（perish）。死亡並不存在牠們的未來與過去。」類似想法經過幾百年辯論，有些思想家如雅克．德希達（Jacques Derrida）在《動物，故我在》（*The Animal That Therefore I Am*）書中，以挖苦筆法提及或許人類也會消亡的可能性，但這樣的人並不多。許多人將死亡視為對自身身分的終極侵犯，或寄託於生命結束時能獲得尊榮。於此同時，我們卻對其他生命的消逝視若無睹。

幸好過去數十年裡觀念逐漸改變。二〇一七年，亞利桑那州一個年輕人拍攝到寶貴片段：美洲特有物種領西貒（collared peccary）死亡之後，族群成員反覆回去嗅聞探視，守靈持續十天以後遺體才被郊狼群搶走。靈長類動物學家莎拉・布萊弗・赫爾迪（Sarah Blaffer Hrdy）也親身經歷過，她曾經試圖接近葉猴（langur）死去的嬰兒，但遭到牠們成群攻擊。其他與猿猴生活過的人也有類似報告，許多故事裡靈長類後代不願離開死去的父母。

二〇一八年，網路短暫流傳過西北太平洋虎鯨拖著夭折孩子長達十七天之久。研究虎鯨的學者表示虎鯨已經瀕危，因為牠們的食物來源帝王鮭也瀕危。照片裡的虎鯨家族連續三年沒能成功生養後代，「鯨魚對兒女十分照顧，」加拿大虎鯨專家約翰・佛德（John Ford）說：「這種行為顯然擴及出生就夭折的幼鯨。」

無庸贅言，死亡對生物、對人類都有重要意義，也是每個人都得面對的課題。呼吸與心跳總有一天會減緩並停止，肌肉失去力氣彷彿與世界失去聯繫，下

顎收不攏、皮膚鬆垮，大小便失禁都是自然現象。最後身軀冰冷，死後僵直，眼瞼像是皺紙捲起，所見的世界也就消失無蹤。

有一天我小兒子上床後不久躡手躡腳溜到我房門口，站在幽暗的走廊上，臉蛋像是一輪明月。「我覺得好奇怪喔，」他說：「我們為什麼是活著的。」我回答：「是呀，親愛的，不過現在應該先睡覺了。」當然這種答案滿足不了他，但我畢竟已經忙了一整天。他站在原地繼續問：「妳覺得我死掉以後，會不會有一部分留下來？」

靈長類動物學家湯瑪斯・蘇登道夫認為，人類獨特的認知經驗在於心智不受時間限制，他將其描述為時空旅行。他在著作中提到人類想像力無遠弗屆。「年紀還小的我，一直很難接受一個最冷酷的事實，就是總有一天自己會死去。我躺在床上盯著天花板想像『不存在』是怎麼回事。那時候覺得自己做得到，以為就跟睡著了不做夢差不多，結果發現根本想不出來不存在、不再醒來、永遠消失是怎麼一回事。就算現在，想這種事情還是覺得頭昏腦脹。」他說道。

死亡是人類生活的一部分。有疾病造成的死亡，從誰都可能染上的肺炎到令人聞之色變的伊波拉疫情。有凶殺、自殺、致命的家暴、車禍意外、飢荒，還有如葉門和敘利亞發生的內戰，以及汙染這類較隱而未顯的致命原因。但大多數時候我們對這些死亡無感，除非直接影響到我們。多數時候我們都加以忘記。現代生活中，大部分的死亡不會在我們眼前發生。當然，歷史上某些事件可能會改變這種情況，好比戰爭和大流行疾病。一個看不見的致命病毒，可能帶來所有人都不樂見的結果，不論是死亡、喪慟、各種過渡期。這一切對人類心智影響甚鉅，不論以或大或小的方式。

過去數十年來，各領域學者就人類對死亡的反應做了大量研究，結論是人類心智如濾鏡般扭曲了死亡這個概念。在某些人眼中，註定到來的死期是無法擺脫的恐怖，但更多人將死亡埋藏在心底成為潛在焦慮。有超越個人經驗的大量證據證實這個現象，而且有相當多的人受到最極端形式的焦慮症影響。在某些統計裡，焦慮症是最常見的精神科疾病。若考慮輕微的憂慮、對可能患病的非理性恐懼、身體突如其來的異狀、思及死亡時湧出的情緒等等，焦慮情況更是普遍。值得注意的另一點在於，就算並未有意識地接觸焦慮來源，焦慮還是能反應在生理上，即使當事人十分相信不朽來世也無法擺脫焦慮。

二〇〇一年一項實驗請美國大專生閱讀文章，研究者告訴受試者說，作者是當地另一所大學的學生，標題是「關於人性，我所學會最重要的事」。其中一篇的主張是，「……人類和動物之間的界線並不如多數人以為的那樣清楚。」後面還提到，「雖然大家總認為人類很特別很不同，但我們的身體與其他動物的運作模式幾乎沒有差別。無論蜥蜴、牛、馬、昆蟲或人類，都是同樣的基礎生物材料構成。」

另一篇則說：「雖然人類與其他動物有重疊之處，人類的確獨一無二。」其立論是，「人類有語言與文化。我們能創作美術、音樂和文學，讓我們可以生活在想像的抽象世界裡，這一點沒有其他動物能辦到。」而研究者發現，若誘導受試者思考生死，他們會顯著偏好強調人類獨特性的文章。

其他研究則發現，若引導受試者思考死亡一事，然後請他們捐款支持動物慈善，結果強調人和動物有別的團體會較受青睞。還有一份研究著重在人類對陪伴動物的態度，心理學家盧絲・畢岑（Ruth Beatson）請自願參與者先閱讀關於人類和其他動物的短文。之後若是請他們思考生死，受試者會對自己的寵物給出較低的評價。這個研究值得留意的地方在於：受試者都有養寵物，對於其他物種的態度一開始就較為正面。由此判斷，我們的恐懼與我們身為動物兩種觀念之間有著奇怪的糾葛。

儘管不再主流，佛洛伊德曾經提出一個論點：人類為了保持理智而壓抑動物本能。他並且精闢地指出人類平日的經驗底下藏著一大片焦慮。[2] 他的某些結論很可笑，不過仍描繪出動物幽魂朝著鏡中形象狂嗥、會思考的生物對自身認知與

2. 譯按：佛洛伊德將焦慮分為三類。「道德焦慮」害怕的是行為違反了自身道德觀，「神經質焦慮」害怕的是本我失去控制而做出不當行為，「現實焦慮」則是外界危險所引發。本段所提及的動物本能為神經質焦慮，然而前文對死亡焦慮的描述更接近現實焦慮，雖都是「焦慮」但性質有別。

衝動無法協調深感不安。後來許多人思索過這個畫面的意義。

文化人類學家歐內斯特・貝克爾（Ernest Becker）的知名著作便是討論人類設法克服存在焦慮的傾向，其中提到人類「想脫離自然卻又不得其法……」，受困於「物質肉身的軀殼，它難以理解……的方面很多，最令人難受厭惡的就是它會痛，會流血，會腐朽，會死亡」。肉體是「人類的障礙」，也是「生物追求自我延續時遭遇的威脅」。貝克爾並不孤單，他與二十世紀初期到中期一群理論家往來密切，包括羅洛・梅（Rollo May）、埃里希・弗洛姆（Erich Fromm）和奧托・蘭克（Otto Rank）。羅洛・梅是存在主義哲學家，他與死亡擦肩而過、在療養院的三年經歷，是其理論的重要基礎，對他而言焦慮是人類最主要的狀態，每個人都在心中不斷與動物身分對抗，幕後則是對於「虛無」（nothingness）的抽象恐懼。根據貝克爾的詮釋，弗洛姆認為人類經驗的核心是一種「**矛盾**本質，事實上人類一半是動物，另一半則是象徵式的存在」。弗洛姆推論這種心理拉扯催生出一股衝動想要捨棄動物的那一半。

我手邊有一本二手的貝克爾一九七三年成名作《否認死亡》（*The Denial of*

Death），裡頭有很多上個主人留下的標記和閱讀心得。不知道是誰將這本書賣到舊書店，但看得出來對方遲遲無法走出紐約世貿中心的恐攻事件。開頭第一頁就有很大一片筆跡，提問：**九一一「真正」的英雄是誰**？序言部分也畫了一個明顯的箭頭，那段內容如下：「對死亡的概念和恐懼糾纏著人類這種動物，其地位無與倫比。它是人類活動的原動力，人類許多行為的本意都是避免生命終結、克服死亡，否認人類註定的命運。」佛洛伊德認為精神官能症源於人類不肯相信自己會死；貝克爾則將社會視為不成文規則構成的英雄系統，「社會之中處處皆是彰顯人類生命的活神話。」

佛海佛瑞（Fred & Farid）廣告公司二〇一〇年為藍哥（Wrangler）牛仔服飾設計一系列宣傳，標題訂為「我們是動物」。「人是動物，」設計師說：「只是現在不知道了。」過了不久，美國心理學家謝爾登·所羅門（Sheldon Solomon）、湯姆·普什琴斯基（Tom Pyszczynski）、傑夫·格林伯格（Jeff Greenberg）針對這個廣告活動做了研究。他們援用貝克爾的觀念，假設潛意識對死亡的恐懼會導致人類對自身在世界的定位感到不安與沒有意義。恐懼過高時，偏好人類獨特性是一種自衛機制。研究帶入另一系列廣告「我們不是動物」，結果被誘導思考死亡的受試者的確更喜歡呈現人類獨特性的主題。

不難找到社會體系利用意義系統操弄人的存在恐懼。許多文化為死後世界設定了嚮導角色。古埃及崇拜冥王歐西里斯，人民插秧時將發芽的小麥種子排列成法老王的形狀，彷彿他從每一株綠芽中重生。東方範例則有印度教的靈魂輪迴不滅。宗教信仰的目的在於解除信徒的危機感。當然也有很多世界觀將死亡視為過度或生命規律，但不代表文化中的個人不會繼續試圖遠離死亡。

恆河流過瓦拉那西，生與死於此交會。它是印度的聖城，信眾走入河水洗滌靈魂與餵養身體，但水面漂浮許多人體分子，每天河岸都要焚燒數百具遺體。季風颳起，岸邊用於固定的石塊還會鬆脫，遺體就這麼滑進水裡。死亡與這裡的水流彷彿一對古怪的孿生子。

在印度教的世界觀中，人會不斷轉世重生，要離開這個循環必須經由解脫（moksha），也就是焚化肉身使靈魂掙脫動物生命的禁錮，回歸純粹的梵。[3]二〇一〇年的一項研究裡，受試者為瓦拉那西一帶的居民，其中一組生活中常接

3. 譯按：印度教教義的解脫如常識所知來自修行或天神眷顧而非葬儀，選擇火化則是因為死後靈魂仍對世俗與肉體有情感牽絆，盡快燒去肉體能避免亡者流連。

觸到死亡，另一組則否。研究發現，工作地點距離恆河較遠的人，例如農夫，請他們思考死亡以後，表現出對自身世界觀的維護態度。另一組受試者是葬儀工作者，並未表現出同樣的態度變化，但原因在於他們平常就高度傾向保護自己的文化觀和世界觀。研究者據此推論：常接觸到死亡並不讓人習慣這件事，而是讓人更習慣於防衛姿態。

早於該研究十年以前就已經有學者在澳洲原住民身上發現同樣現象。但這個案例重要之處在於澳洲的原住民文化強調對生者世界的依戀。實驗中挑起受試者對死亡的思考，結果即使受試者對主流澳洲文化和原住民文化都有接觸，還是會強化其原住民價值體系的信念強度。

彰顯動物現實的並非只有死亡，有些反倒來自人類如何誕生。由於生育過程的肉體角色，女性本身就成為動物身分的提醒。心理學家克莉絲緹娜・羅伊蘭斯（Christina Roylance）重複多次研究得到相同結論：認為人類是獨特且優越物種的意識形態，有助於面對生死焦慮，代價卻是貶低女性地位。通常男性能夠控制女性是否生育的話，就會加以貶抑；而若女性身體對父權意識形態造成威脅時，反應更是明顯。潔美・戈登保的研究發現，感受到威脅的人特別反對公眾場所開放哺乳。馬克・蘭道（Mark Landau）的實驗則顯示，對死亡恐懼較高的異性戀男性會認為過度展示性感的女子較不具吸引力。

總的來說，面對這個時代，有一點我們應該謹記：無論有意識或無意識，許多人並不希望被提醒自己身為動物，這個反感有時極其強烈，只要沾到邊就會引起大家下意識猛烈抵抗。排洩或月經、生物體各種髒亂不堪的特點，不知不覺在心智留下印象，若與造成不安的因素如損傷、疾病、衰亡重疊時，感受更加強烈。動物身分挑起我們許多想像，在脆弱時尤為嚴重，稍微瞥一眼身上的傷就會勾出看不見也無法控制的害怕，彷彿召喚出假的神燈精靈，願望反過來了——豐富的生命終將在腐朽中化作虛無。

話說回來，人類害怕死亡並非什麼偉大見解，但它進一步印證了，我們不當自己是動物，原因就只是不願意。「日夜思量不可避免的死亡步步迫近，」兩千多年前西塞羅就感慨道：「生命何來喜樂？」他在《論好生好死》（*On Living and Dying Well*）裡提出的解決辦法，就是靈魂不朽的可能性。「我希望如此，」他又寫道：「即便未必是事實，但我仍堅信如此。」那時候他就明瞭人類的恐懼能透過獨特性來緩解。

現代社會大眾的既定觀念是，人類已經擺脫其他動物面對的直接威脅，例如猛獸數量大為減少、房屋堅固衛生、發達的醫療能夠守護生命，過去幾十年內戰爭雖然依舊無情但傷亡也少了很多。幾百年來的變化增加我們的信心：溫飽不是問題，若無意外人人都會長壽。在這種氛圍下，彷彿一切都在我們的控制之中。問題在於我們越不願意對自然屈服，就越是緊緊抓著一切不放手。所以現代人比起過去更難承認自己是動物。

滅絕的解藥

人類正面對大滅絕時代。二〇一九年梅蘭妮・門羅（Melanie Monroe）和國際鳥盟（BirdLife International）聯合發布統計，從多種不同角度觀察物種消失的現象。他們以過去五百年的物種滅絕速度為基準，發現原本預期消失的物種應該僅僅四、五種左右，結果卻有將近兩百種之多。再對照物種瀕危程度分類表，會發現鳥類特別容易瀕臨滅絕。接著以地質歷史分析物種的生命長度，他們推斷脊椎動物滅絕前通常能存在三百萬年，然而在目前的滅絕速度下，能撐到五千年就算幸運。類似情況其實發生在世界各地、各個生物類別。

我從二十幾歲開始研究物種滅絕的現象，那時候要與人討論這個話題不容易。時至今日，物種滅絕的主題卻成了新聞媒體的常客，我們與其他動物面對的危機甚至可以登上頭條。意識到現況且身為始作俑者的動物，心智會受到怎樣的刺激？對於將人類道德地位置於演化金字塔頂端的社會而言，物種滅絕是個挑戰，所以除了全球性的保育行動，也有人致力思考是否有別的辦法能夠因應。

威爾斯（H. G. Wells）一九三六年的電影《未來世界》（*Things to Come*）[4]描繪科技主導的社會，治理者奧斯瓦德・柯博望著太空梭自巨大炮管射出，劃過夜空衝向宇宙。艙內有他的女兒、好友雷蒙・派斯沃希的兒子和一群年輕星際移民。目送兒女與晚輩離開地球，柯博開口說人類智能不停前進，突破自然與行星的限制，最終要掙脫「所有心靈與物質規則的束縛」。派斯沃希在旁反駁說人類只是渺小的動物。「渺小的動物，」柯博複述這句話：「但如果我們就只是普通動物，應該只在乎每個小小的愉悅，還有活著、受苦與消失，和其他動物的行為及地位沒兩樣。」他不接受朋友的意見，堅信人類與其他地球生物處於不同立足點，主張我們若不想只是

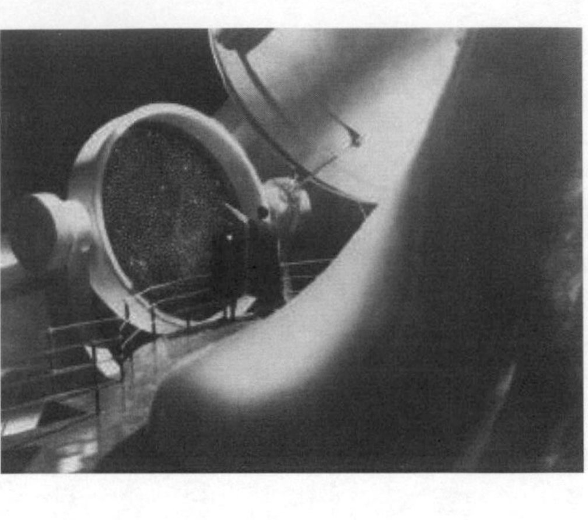

4. 譯按：威爾斯撰寫劇本，電影片名沒有正式中譯。

活著、掙扎、死去的話，就不得不努力探索浩瀚無邊的太空。不是宇宙，就是虛無，「選擇哪一邊？」柯博問：「要選擇哪一邊？」

派斯沃希則期望未來的人類能成為例外。「例外」（exceptional）的語源是拉丁文 *excipere*，意思是「從中挑出」。自認為例外，人類將自己從自然界摘選出來，意欲逃離動物註定的命運。從歷史來看，人類確實不斷刷新極限，彷彿越過一道又一道彩虹，總能看見新的地平線。一再成功的結果是我們將極限視作假象。現在很多人覺得人類沒有終點，我們這個物種不會滅絕而成為地球的歷史。

人類成為物種滅絕的主要推動力以後，我們開始想像如何逃離這個命運。不少科技業龍頭投資機器人、人工智能、星際殖民計畫與腦部增強技術。於是我們活在詭譎的時代，夢想變成創新，但創新卻可能摧毀夢的原始意義。[5]不難發現避免人類滅絕成了投資者最喜歡的理由。

科技給出的一個方案是前進太空。在太陽系擴展文明是目前炙手可熱的話題之一。一九九〇年代即有火星學會成立，目的是教育和推廣人類移民火星。不久前我參觀了美國猶他州的火星生命研究站，那是建在黃沙與恐龍骨骸上的一片太

5. 譯按：此處「夢」原文皆為 dream，但前者意義為「夢想、幻想」，後者則為「做夢」這個身心現象。

空風格建築群。行程中我見到火星學會創辦人羅伯特・祖布林（Robert Zubrin），他說火星也是一種資源，因為「資源是靠人類想像力與科技創造出來的」。他進一步指出過去幾百年裡，預期壽命、生活福祉以及人類生產力都大幅度提升。

祖布林這樣的意見與羅馬俱樂部（The Club of Rome）[6]頗有淵源，一九七二年該組織提出報告《增長的極限》（*The Limit to Growth*），以電腦模擬經濟與人口成長對有限資源會造成何種影響。報告的作者群主張若狀況沒有改變，人類在地球的發展到了二〇七二年將遭遇無法突破的難關，之後人口及產業都會失控崩潰。這種論述遭到多方批

6. 譯按：探討國際政治的全球智囊組織。

評，然而從近年一些現象判斷，模擬似乎準確。姑且不論對錯，《增長的極限》激發許多人想推翻預測的信念，祖布林就是其中之一。他相當關注公眾論述中出現的悲觀態度，擔心會對人類創造力與前景造成衝擊。

但並非所有人都認為我們能夠實現那麼遠大的目標。布魯斯．賈科斯基（Bruce Jakosky）曾經在 NASA 自主的火星研究計畫中擔任主要調查員，他和地質學家克里斯多弗．艾德華（Christopher Edwards）主張火星沒有足夠的二氧化碳，換言之人類不可能在那裡製造大氣層。更大的難題是火星以前或許也有熔融的地核，但已經凝固，所以沒有與地球相似的磁場。缺乏磁場幾乎不可能做出厚度足以保護我們這種動物的大氣。

NASA 資深人員、畢生研究生命起源的麥可．羅素（Michael Russell）認為：「解決貧窮問題應該比找地方複製地球環境簡單。」他覺得執著於火星其實是拒絕承認「我們無法對抗熱力學」。羅馬帝國因為耗盡森林資源而走下坡，工業革命之所以成立是因為工業化中心靠近大量免費能源，但人類使用的能量來源對今日社會構成新問題。於是現代人致力尋求產生更多能源的手段，也幾乎可以肯定會成功，只不過必然有新的代價。

或許本世紀後半就會有前往火星的單程票，但想在那裡建立大氣需要投入難以估量的資本。若要在火星地表的輻射量下存活，或許還得配合 DNA 修補治療。對人類而言，開拓太陽系的願景看似合理，甚至十分振奮人心，不過背後理由未必如想像美好。現階段前往火星的計畫都由億萬富翁主導，要是以後有企業要求火星居民為空氣付費呢？目前地球上的金融體制是否讓我們有信心，相信它到了火星上也能正常運作？

火星專家、NASA 資助的伯克萊大學學者羅孛・李利斯（Rob Lillis）基本上贊同火星計畫，但憂心有意移居的多數人屬於自由派、反建制的文化分子。目前提及開創新世界，似乎尚未有人考慮將現行倫理結構打掉重建。「要是他們有這樣的想法，」他說：「不就該先致力改善地球上的不平等問題嗎？為什麼不把金錢與創造力先用在海洋減塑或開發嶄新的環保材料嗎？為什麼這麼執著在永生和外星殖民呢？」

我們想逃脫的不只是地球。這時代的許多野心指向逃離我們自己的身體。

「成病因慾／受困於瀕死獸軀」，葉慈在〈航向拜占庭〉（Sailing to Byzantium）詩中的這句話點出許多人的心聲，但他的懇求「帶我前去／永恆不朽的環境」，也被二十一世紀初期崇尚科技的人們認真對待。貧富本就不均的年代，大量財富以追求永生的名義經手流轉。

追求生物層面永生不朽的途徑之一是端粒酶（telomerase），也就是修補隨老化而逐漸縮短的DNA端粒。再來就是電子形式，將意識經驗與機器結合。史派克・瓊斯（Spike Jonze）二〇一三年的電影《雲端情人》（*Her*），描述具智能的電腦程式莎曼珊和一名年輕男子產生情愫。「以前我很擔心自己沒有身體這點，」莎曼珊在劇中說：「現在我……我很慶幸。我是說，自己因此不受限制，能到達任何地方，甚至同時在不同的地方出現。現在的我不受時空拘束，如果我被身體綁住就遲早得面對死亡。」

各式各樣的研究持續進行，卻鮮少有人顧及地球上的生命是否會失去平衡。成功的第一線曙光是名為RTB101的藥物，開發者是位於波士頓的生技公司resTORbio，效果似乎是緩和免疫系統老化的影響，增加人體對常見感冒及流感病毒的抵抗力。外界認為這是延長壽命的妙方，於是RTB101獲得大量投資。近期還有加州一支研究團隊聲稱有辦法逆轉生物時鐘，也就是控制身體年齡。結合多種藥物後，實驗發現受試者的免疫系統與基因組內相關標記的表現年齡下降了。

新創企業將死亡轉化為有利可圖的商品賣到全世界。西方有哈佛大學研究團隊組成的回春生技（Rejuvenate Bio），他們一開始想為寵物狗延長壽命，後來意圖讓人類能「以二十二歲的身體」活到幾百歲。東方的例子則是印度先進細胞（Advancells）公司，打算利用「人體幹細胞的無限潛能創造所有疾病的萬靈丹」。對經營者來說，增加人類壽命和健康很直觀地等於利潤，問題在於代價是什麼？社會將生物科技視為進步與救贖的前線，但實質上利用這些研究成果等同於殘害了自身存在的概念。種種問題不僅牽涉到什麼樣的生命值得活下去，也得考慮什麼狀況我們應該死去。

世界最大的網路搜尋服務公司Google在各地有數十億使用者，每年搜尋次數破兆。擁有如此巨大的影響力，Google的企業文化引起許多人感興趣，不過 Google 高層清楚明白表示其想法就是「不要死」。「死亡是樁大悲劇，」雷蒙・庫茲維爾這麼說過：「是莫大的遺憾……我不願接受……我認為聲稱自己坦然面對死亡的人只是自欺欺人。」若他這輩子無法解決生死問題，將會透過阿爾科生命延續基金會（Alcor Life Extension Foundation）以液態氮將遺體保存在亞利桑那州的沙漠中，等待未來有人想出辦法。想法類似的人不少，現在就有數百具遺體得到保存等著起死回生，其中一些只剩頭顱或大腦。位於莫斯科近郊的俄羅斯冷凍（KrioRus）公司、位於密西根平原的人體冷凍機構（Cryonics Institute）都已經存放著不想腐朽的人類或寵物。記者馬克・歐康奈爾（Mark O'Connell）研究超人類主義者之

後出版《成為機器》(*To Be a Machine*)一書，內容引述風潮先驅娜塔莎．韋塔莫(Natasha Vita-More)的說法：「人類是一個神經質的物種，原因在於我們會死，死亡時時刻刻跟在我們脖子旁邊。」

等待永生的同時，另一種選擇是為身體進行升級。優生學者想為大眾創造更好的生活，卻很少公開說明為了達成目的，人類不能保有現在的性行為與自然妊娠。一般而言，女性從出生開始，體內就有一百萬顆以上的卵子，感覺就像俄羅斯娃娃，每個世代都藏有下一個世代。近年研究還發現，女性身體有可能產生新的卵子。有些人認為最好能將卵子取出，在子宮外受孕，以便挑選品質優良的胚胎。支持者聲稱，人類早就從很多層面干預性行為的結果，擇偶和避孕都是例子。這種推論是誤導，擇偶和避孕是從能量而非價值的角度出發，不等於審查所謂「優良的孩子」要符合什麼條件。

懷抱「人體增強」夢想的人，拒絕承認他們想要捨棄的軀殼：肉體的貧弱、殘障的怪異，甚至是母親的身體。往後或許還能從物理層面上消滅母親這樣的概念。某些人視其為恩賜，畢竟父母雙方責任不成比例，女性生涯因此受到許多限

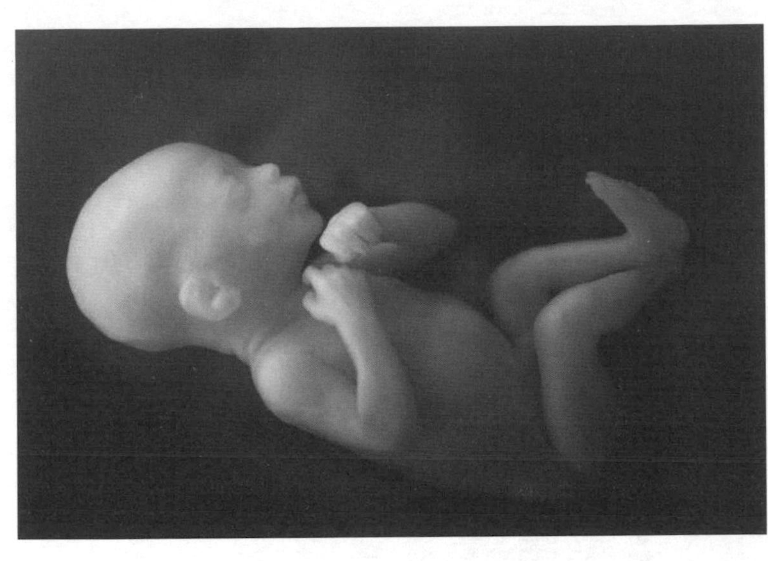

制；換言之，母性成為女性進步的阻礙。但這種論點十分荒謬，提升女性地位需要的是自由與尊重，並非否定其母性。真正該質疑的反倒是想掌控一切的人，而現在他們連人如何來到這個世界也要操弄。極端的人類單源論者（monogenesist）想成為控制自身降生的神。[7]

伴隨基因工程種種幻想而來的爭議不只如此，還包括非生物形態的改造，如電腦或機器究竟是增強還是取代人類。它們能夠模擬個人特質卻又不隨時間凋零，於是人類從意識到自我的動物，變成以知識捨棄自身。可

7. 譯按：人類單源論通常意指宗教或科學上對人類作為物種的起源如何詮釋。降生原文nativity，可指一般誕生，但通常用於「耶穌降生」，為帶有宗教色彩的用字。

是這種無實體的自我形式是否還會成長老化？是否能體驗孩童的想像力？提起上傳技能與人格時，考慮到的多半只有成長後的主觀意識經驗，胚胎階段完全不在討論。人類的胚胎沒有「你我」這樣的分別概念，只是吸收血液養分和翻滾成長，然而這是否就代表胚胎階段的經驗沒有意義？

值得注意的另一點是，這類消除動物性的生技研究，幕後投資者有許多同時涉獵人類滅絕的相關分析。世界每一所頂尖大學都在近年成立滅絕危機分析中心，劍橋和牛津亦不例外，麻省理工學院也有生命未來研究團隊。這些機構關注的項目包含新科技的誤用與惡用、基因工程製造的超人類取代自然人類的情況。這類研究本身的風險也值得深思。不論危險在於過度利用地球資源，或是人工智能之類的新發明，理由都是人類的優越性。但假如面臨潛在的生存危機會造成對人類獨特性的過度強調，那麼研究滅絕的風險可能會加劇或惡化我們的處境。人類物種滅絕代表從動物走向神的路途被徹底阻斷，解決之道通常訴諸救贖和進步，而非人性和同情。此外，這些存亡危機研究的贊助者包含科技業鉅子，已經爬到社會頂尖的人尤其關心，有沒有可能我們目前的進步只是想像的神話。追求超越現況的夢想來自最富裕國家的富有企業家不足為奇。從這個觀點來看，唯一的選擇是移除人類身上所有的世俗限制。但這個選擇可能會廣泛影響自然。

更好的盟友？

人類或許是一種防衛心與地域性都很強，能夠做出可怕行為的動物。而且我們對於自身是動物這件事或許特別不自在。但要記住的是，我們並非只有這種面向。另一半的我們想成為具同情心、體貼又友善的人。指出人類陰暗面和階級意識的研究，同時也呈現出我們的優點。發現我們可能對伴侶冷酷無情的研究也顯示，只要專注於愛就可以從抽象層面緩和那種態度。針對不同團體相互敵視的研究則證實了，如果先思索憐憫的意義，我們對立場不同的人也能少些排斥。

加拿大研究團隊針對非人化進行研究。金柏莉．卡斯特羅（Kimberly Costello）指出，將特定對象視為動物的傾向「或許源於人類自視優於其他動物的階級思維」。但她不認為這樣的優越意識不可撼動，她嘗試縮短受試者心中人與其他動物的距離，看看會對非人化衝動造成什麼改變，其結論是十分可行。

卡斯特羅與葛拉罕・哈德森（Graham Hodson）設計新的實驗，對象為相信人類獨特性的大學生，他們同時也表現出對於移民的偏見。對照組則認為「動物彼此很接近」，對移民的非人化程度最低、同理心較高。驚人的是，卡斯特羅與哈德森發現，確實能夠降低或者暫時消除某個人對他人的非人化心態，方法並不是控制認知，而是誘導他們改變對其他動物的想法。然而，若要求受試者在心中拉低人類地位與其他動物平起平坐則會失敗，成功的做法是請他們觀察人類和動物都具有寶貴的特質、需求與感情。另一次實驗都的受試者是兒童，他們看了其他生物的生活影片以後，對人和動物的分界不再如以往強烈。兩個實驗都指向人與動物之間更美好的關係能夠緩和我們內心的負面衝動，但原因並非邏輯清晰說服了人類理性，而是身體自然能夠感受到。生理機制有許多過程支持我們與外界結盟，認知的變化能讓人放下防備，不過實際行動者終歸是身體。

學界近期嘗試找出人類所謂的同理心與生理機制的關聯。目前共識是同理行為不會只有單一成因，背後有複雜的過程和經驗。一些研究在觀察中發現人類與其他哺乳類透過鏡像共享情緒狀態。最初學者在獼猴大腦中找到鏡像神經元，個體嘗試某個行為和觀察其他生物進行同樣行為時都會觸發它們。一派理論主張我們和其他動物相同，觀察某個行為的同時會獲取動作和感官資訊。這個機制能以很多不同形式展現，例如看見一幅畫裡的人物露出噁心表情，我們大腦會出現類似直接體驗到噁心的狀態。反過來，若我們看見的是關愛，也能夠露出微笑表示認同。這種能力從社會學習到社會導引（social navigation）[8]等各方面都非常有幫助，或許是同理心的關鍵。另有其他研究著重於模仿，許多動物觀察其他成員後會進行同步。而人類只要想像別人的經驗就能分泌大量皮質醇或突然捧腹大笑，因此若透過模擬正向情緒，便可能大幅度改變我們展現的態度。

同理心機制的本質是暫時獲取另一個人、乃至於另一個物種的經驗。但我們所謂的同理心並不止於透過機制得到的對應訊息，我們的後續行為會依據主觀追求的關係而變化。人類很有可能透過其他多種機制進行心理防衛，避免模仿機制自動觸發，特別是有原因造成我們不認同對方的情況。

地球上數百萬物種之間的關係充滿各種可能性。科學文獻裡，動物研究者

8. 譯按：或稱社會導覽、社交導航等等，意指判別其他人或團體對什麼事物有興趣的行為。

觀察到不同物種之間締結各式各樣的關聯。片利共生（Commensalism）描述因一方容忍而成立的結盟，然而這種術語並不完美，畢竟那是人類無法真正理解的情況。片利共生這樣奇怪的詞彙是指某個動物從另一個動物身上得到好處，而另一方沒有得益但也沒有損失，於是不予理會。一個例子是非洲很多鳥類會利用大型哺乳類動物的身體作為棲息處或藉以躲避獵食者。

其他情況下，動物間的關係是互利共生。上述的鳥兒之中有一種叫啄牛鳥，牠們是被大型哺乳類動物背上的大量蝨子給吸引，所以這段關係中牠們獲

得食物，另一方則可以減少身上的寄生蟲。群體行動的斑馬和鴕鳥也締結雙向聯盟，斑馬聽覺極佳、嗅覺優秀，視力卻很糟糕，鴕鳥眼睛銳利但不太聞得到危險，加上牠們的天敵一樣，於是雙方時常結伴同行，一方靠眼睛、一方靠耳朵鼻子，發現麻煩接近就彼此警告。

動物族群間的關係牽涉許多生物化學與認知，但所謂的感情紐帶（bonding）則又有些不同。這個詞彙最初用於描述某些動物表現出具選擇性的合作生殖行為，如海鳥。接著擴大到親子之間，最後則泛指超越暫時便利的相互關係。我們撫摸一匹馬，牠會心跳減緩並增加催產素分泌量。人類與熟悉的狗互動，血壓降低的幅度比直接休息還明顯。

哺乳類動物的大腦下視丘分泌催產素，加上其他有機化學物質如多巴胺的影響，兩個人或兩個物種之間的連結都是有來有往。各種形式的感情紐帶都會共享美好和愉悅，即使距離稍遠也不例外。兩隻海鳥建立感情紐帶或許有更多本能因素摻雜其中，但無論哺乳類或鳥類都一樣，這種關係能夠成立是因為雙方都得到好處。無論我們承認與否，人們談論的仁慈或幸福，源頭都是這樣的關係。

然而關係並非只有一種模式。以家鼷鼠（*Mus musculus*）為例，牠們似乎在更新世晚期適應了人類的居住模式。現在家鼷鼠能躲在人類房屋的閣樓或地下室，是因為牠們祖先的馴化適應非常成功，習慣了與人類共存。即便如此，老鼠和人類沒有形成感情紐帶，牠們對人類沒有幫助，通常反倒有害。所以好處是在於老鼠那方。反之，看見狗和人在沙灘玩耍，我們想起的是很久很久以前某些狼群在人類聚居地找吃剩的東西果腹，時間一久雙方關係擴大，兩個物種都從中找到價值。

人類崛起的背景下，天擇為有蹄類動物找到另一條路。其中夠溫和的或者大膽到直接在肥沃月灣（Fertile Crescent）[9] 麥田裡吃東西的動物與人類接觸，不過關係隨歷史進展而有所改變。目前僅對協助種植小麥的動物有利，山羊、豬、牛幾乎已經無法從人類得到好處。

地球生命的不可思議之處在於營造出我們現在稱為生態系統的現象。兩次世界大戰之間，一名英國植物學家花費一年時間與佛洛伊德在維也納進行研究，提出了生態這個概念。「雖然引發我們興趣的主要還是生命體，」一九三五年亞瑟・坦斯利（Arthur Tansley）寫道：「從更基礎的層面思考，無法將生物從其獨特環境抽離，生物與環境構成物理系統。」同樣的，人類只是試圖以詞彙解釋極度複雜多變的自然世界，我們並不真正確定生態系統的涵蓋範圍究竟多大，於是更難掌握自己在其中的位置。能判斷的是：地球有了足夠多樣化的生物之後，似乎進入一個能夠孕育更多生命的暫時性狀態。

人類一度與非洲大陸的生態完美融合。生物學上的人類祖先無論活動、壽命、數量都受到掠食者與食物來源限制。但人類學家如伊恩・塔特索爾（Ian Tattersall）指出：隨著人類歷史演進，流傳的文化與基因特徵導致我們能排除猛

9. 譯按：從埃及北部到波斯灣之間一大片肥沃土地，考古顯示公元前七千年此地便開始生產糧食。

獸施加的限制，因為我們的祖先發展出集體防衛和存活的手段。之後人類作為物種，影響力逐漸失控。二〇一八年一份研究主張，智人與其他人族至少在十二萬五千年前開始造成大型哺乳類動物滅絕，最初事發地點是非洲，同樣現象隨人口遷徙擴散到其他地域。

無論肉食性或草食性，大型哺乳類動物在生態系統裡扮演諸多角色，從養分循環到限制其他物種數量都是其職責。可是因為人類的各種作為，其他哺乳類族群的數量逐漸縮小，體型較大的物種與個體走向滅亡。「未來的生態系統會非常不同。上一次出現類似的哺乳類群落分布和平均體型，是恐龍剛滅絕的年代。」研究者凱特・李恩斯（Kate Lyons）說道。人類祖先的遷徙過程還帶來其他效應，最常見的是農業侵蝕原有植被並造成汙染。二〇一九年，政府間科學政策平臺（Intergovernmental SciencePolicy Platform）主席羅伯特・華生（Robert Watson）公開表示：「我們與其他物種賴以為生的生態體系的健康狀況，正以前所未見的速度惡化。」

我們無需糾結於何謂自然，也不必懷疑自己對生物學之類知識的認識是否充

足。只要看看人與生物界的互動狀態，不難意識到我們和地球、和其他物種的關係並不平衡。顯然好處都到了人類手裡。但不平衡的關係有其代價，我們目前面對的許多困境就源自於此。人類若不處理，毫無疑問最後會被外力阻止。如此說來，瞭解自己的極限不是比較好？為此需要運用社會心理的力量。

我認為古代狩獵採集社會的祖先才是走在正確道路上。他們相信萬物皆有靈。當時這或許是與獵物鬥智的手段，後來逐漸轉化為世界觀中安定人心的象徵。不過人類經驗中各式各樣的同理心表現追根究柢都一樣：得先有意願去理解別的人事物，然後調整自身行為配合對方需求。若人類希望與其他生命建立互惠關係，首先就要懂得其他生物需要什麼。對動物和演化過程的探索其實才起步不久，還有太多部分難以掌握。但幾千年來對地球生命累積的知識，足夠我們從理智面重新思索其他生物的價值。

值得重新檢視的觀念之一，就是死亡本身。生態系統內，死亡是正常且必要的元素。或許人類潛意識也早就明白死亡不僅是常態，也是必須。我們無需刻意尋死，但也不應該恐懼到扭曲自身存在。生物學家兼作家伯恩．韓瑞希（Bernd Heinrich）不久前針對死亡提出嶄新的觀點，他將地球視為完整有機體，反覆釋放和回收能量。死亡其實是種恩賜，為地球帶來更多的蝴蝶蜜蜂、更多的人類和鷹隼、更多的花卉與小麥。韓瑞希將死亡視為務實的方式，只有拒絕與地球交換能量的人類才會將死亡當成怪物、將動物性當作牢籠。「每一具碳元素構成的身體彼此連結，最終分解為二氧化碳散開……構成一朵花、一棵樹的碳基都來自無數源頭，可能是一星期前非洲腐敗的大象，可能是石炭紀滅絕的某種蘇鐵花，也可能是上星期重新甦醒的北極罌粟。」只有人類不願意參與這場盛宴。

第五章
星辰的足跡

我相信一片雜草也是星星留下的足跡。螞蟻也是，一粒沙、一顆鷦鷯蛋都同樣完美。

——華特．惠特曼 Walt Whitman

我們是星塵

太空看似黑暗，但並非一片死寂或全無色彩。它是一片有生命力的黑，我們與所有生物的原質穿越那片空無才來到地球。宇宙裡約每秒都有天體華麗地結束其壽命並噴出生命能量。恆星死亡的爆發能量超越太陽存在到消滅之間的能量輸出總和，龐大得難以想像。

然而接下來幾個星期的時間，殘存星體在寂靜太空中冷卻為閃耀的墳場，最後漫長的安詳如同恩賜，強烈能量與中子淬煉出包含硫、氫、鈷在內的多種元素。生命來自天體的死亡，時候到了我們自己的恆星也會死去。既黑暗又多彩的宇宙早已寫好我們渺小短暫的命運，人類長期視為魔力與神聖象徵的太陽只是不斷老化的恆星，星核內的氦終歸有衰退的一天，失去能量以後它會膨脹為紅巨星[1]，並漸漸吞噬水星、金星，然後輪到地球淪為星際墓園的一抹色澤。宇宙其他角落會有更大的恆星忽然間分崩離析，瞬間強光送出賦予生命的元素，或許在別的地方成就了別的可能性。

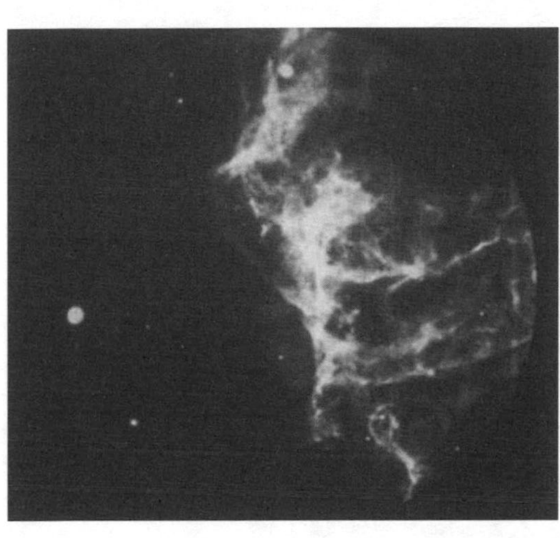

無論人類、地球、地球上的其他生命都是源於恆星死亡射出的碎片。人類成年時身體裡有超過六十種元素，是星體滅絕的原始殘留，也是空白空間與遠古電流的融合，數量難以想像的原子帶著質子、中子和旋轉的電子集結而成。我們的身體有數兆細胞，其中許許多多會在一生中不斷重生。我們也是基因組裡幾十億個字符，而且身體裡居住著無法估計的細菌、酵母、病毒，還有蛔蟲、線蟲等等寄生蟲。

1.譯按：正確順序為主序星階段結束時恆星深處的氫（hydrogen）核枯竭轉變為氦（helium）核，氦核被重力點燃後釋放更強大能量，引發各種反應致使恆星變為紅巨星。

一般情況下，我們身為靈長類動物，大腦裡滿滿的神經細胞彼此連結以後，交織出複雜的思想活動。

森林、沙漠、海洋裡所見的一切都是親戚，關係有近有遠或者遠到不可考，但無論如何血脈相連。多數人心裡將蠕蟲當作院子裡有點噁心的生物，或者隨手挖得到的魚餌。可是人類這種略微類似沙漏的體型始於雙邊對稱，而這個特徵最早的證據就是六億年前的蠕蟲物種。至於脊骨，人類脊椎的前身，出現在與三葉蟲同期的無頜魚類身上。

人類肌肉的收縮和運動與其他動物並無二致，肌肉纖維回應的是神經指令，控制動作的是化學能——食物分子分解出能量，運送能量的分子名為三磷酸腺苷（adenosine triphosphate），存在於所有生物體內。我們和地球其他生物緣起同樣的自然現象，物質組合之後蛻變為彷彿無窮無盡的生命奇蹟。常態下，人從受精卵成長到退休老死，而且我們具有理解自身狀態的心智能力。這一切令我們陶醉又恐懼，因為我們是動物。

其實多數人心裡都明白自己是動物。如果直接詢問，大家都會表示同意。但教育告訴我們：人類生存於社會，必須有別於動物。於是千百年來人類自認有別於其他生物。與世界上其他生命同屬這個物質世界，成為後來世世代代無法接受的事實。

馬賽人認為自己是神人恩凱（Enkai）揀選的子民，在他們的神話裡，恩凱從宇宙另一端賞賜牛隻作為對子民的祝福。中國神話的某些版本，女媧神在宇宙的根源盤古死後感到孤獨，便採水池邊的泥巴做出人類，看著男男女女舞蹈的模樣心裡歡喜，於是讓世界充滿了人類。多虧古希臘詩人海希奧德（Hesiod），現在大家多少都聽過暴躁又善妒的希臘眾神，在這個神話底下人類由黏土成形來到不完美的宇宙，之後普羅米修斯賜予我們直立與火。

或許魯德亞德·吉卜林（Rudyard Kipling）也知道這些神話故事，所以《叢林奇譚》（*The Jungle Book*）裡才會描寫村莊兒童以泥巴做塑像，將蘆葦插在泥人手中，假裝「祭祀這些神明」。還有名為班達洛格（Bandar-log）的猿猴處心積慮要變成人。那些猴子躲在曾經壯觀的神殿廢墟內，吱吱嘎嘎叫著：「我們很棒，很自由，很厲害，是整個叢林裡最優秀的人！我們大家都這麼說，所以一定是真的。」

神話最大的優點在於呈現精煉濃縮後的現實。與其抛出一堆概念，浪費時間精力琢磨細節，神話以象徵符號作為捷徑，解釋了人類是什麼、人類與世界的關係。二十一世紀現代社會的神話說我們不是動物，強悍的知識技能使人類在眾多生物中獨樹一格，並且合理化人類的行為。只有動物才會造成傷害與破壞，我們人類依循的是理性，所以我們犧牲其他生命得到繁榮是與生俱來的特權。

當然，一直以來都有思想家提出反論。與野生動物共處的遠古社會文化通常賦予人類靈性層面。但靈魂不會由人類所獨占，靈的力量充斥整個生命界。西方文化倡議人類獨特之初，亞里斯多德一位在歷史上記載不多的弟子狄凱阿科斯（Dicaearchus）表示，他的家鄉科林斯的風俗不認為靈魂存在，還主張「動物」一詞在使用時必須謹慎，因為並沒有某種獨立、如靈魂般的力量催動生物，生命的感受與經驗盈貫動物身體，並非果核般能夠單獨取出。儘管他的論述從很多角度看都最有趣，卻也最不受重視。

對動物性的恐懼

今時今日，人類社會的主流意見是我們很特別，所以享有特權滿足我們的動物需求。其他動物辛苦覓食是不得不為，而人類利用其他動物是因為我們地位更高。這種理解世界的方式導致我們認為自己有一半是人，一半是動物，而人性那一半無論形式是靈魂、理性都能提供救贖，帶來自由與權利。至少數千年來，沒有能夠與人類相提並論的其他物種。

但同時我們的內心深處又埋藏一股不理性，對動物性的恐懼也是成為人的代價。自我意識強烈以後，對個人處境開始充滿恐懼，肉體時時刻刻處於威脅，而死亡是無可避免的終點。我們不想當動物，卻受困在動物的身軀內，求生本能繞了一個迂迴的大彎浮現於人類心理。其他動物從來沒有不接受自己的問題。人類則尋求讓生命有別於其他動物的意義。彷彿與自然切割，自然界的危險就碰不到我們。

可惜這種思維沒有讓我們活得安心，反倒使我們深陷幻覺。人類獨特論不僅製造更多焦慮，本身也不理性。之所以認為人類高高在上，除了短視近利之外，偶爾摻雜心理層面的攻擊性。動物身分變成一種症候群，是特定的症狀、情緒、思考的結合。我們或者加以否定，或者挪用為武器，或者尋求出口。但在某些情況下，動物性成了行為背後的理由，而且多半是托詞。縱使不承認與自然的連結，但這個連結如影隨形無所不在。為了延續獨特性的大夢，我們只能永無止境踩著燒紅的木炭跳著舞。

紐約哲學家尤金·撒科（Eugene Thacker）在著作中提到，「哲學的懸崖……在深淵中沒有確信、沒有知識，任何思緒都不存在。」他說笛卡兒就是站在崖邊窺看一眼，卻不喜歡眼前所見。在說出他的名言「我思故我在」時，笛卡兒表示：「只要我還在思考，『我存在』就必然為真。」撒科認為，「這個想法貫穿後來的哲學發展……也賦予人類意識優於其他存有形式的特權。」最堅定的人文主義哲學家如康德，心中還是潛藏著一股恐懼。他認為只有人類具理性，所以僅人類的生命有理由。[2]然而在康德較不為人所知的文章〈萬物的終結〉（The End of All Things）裡，他似乎仍有猶豫，於是承認「以理性計算生命價值」，或許並不

2.譯按：理性與理由的英文都是 reason，亦即「有理性思考，才會有理由的存在」。

會得出人類優越的結論。

將人類價值建立在自身和自然界其他生命之間的絕對界線，本來就是值得懷疑的做法，只是之前幾個世紀我們的社會尚未面對這麼多難題。湯瑪斯・潘恩（Thomas Paine）撰寫《人的權利》（*Rights of Man*）時，演化論尚未出現。米蘭多拉想像上帝依理性將人置於宇宙中心，當時距離發現DNA有四百年之遙。時至今日，人類已經不再有無知的本錢，是時候重新思考身邊一切。科學已經證實我們就是動物，從遠古形態慢慢演變成現在的模樣。一八五九年之前，我們可以自認是神的子民；達爾文提出理論以後，我們應該知道自己只是機率裡的上上籤。然而解析基因組之前，人類依舊以為自己美妙非凡、非自然界常態。二十一世紀我們把重心放在創造人工生命、對既有生物做改造、夢想逃離生死，這是迷失方向的表現，不應該輕忽。

如今人類已經明白物種當前的狀態都是天時地利交織而成的蛻變，而且只是一時的。換句話說，我們和其他動物之間沒有幻想中的那條明確界線。基因會改變、突變、生病和交錯，肉體充滿孔隙讓氣味、寄生生物、甚至其他有機體的

DNA進入同化。永恆不朽並不存在於人類，身體是強大卻又不完全受控的細胞群落，心智則如變色龍般飄忽不定。這不代表人類生命毫無意義，自認為獨特例外與賦予生命意義並非同義詞。我們需要找到自己的定位，但過分強調這一點並非世界現實，只是人類的心理傾向。關鍵不在於是否區辨人類與其他動物，而是這個區別在心理上如何成立。認為人類先天就是自然界特例才會造成問題。

自古以來許多人思考愉悅（pleasure）這件事。為什麼愉悅之於人類如此重要？柏拉圖表示，原因在於愉悅就是遠離痛苦。很多個世紀後，邊沁（Jeremy Bentham）的答案是，我們能夠透過痛苦判斷對何者有義務，這個說法是從許多前人思想中萃取而來。臨床上重要又有趣的觀察則是痛苦刺激大腦杏仁核之後的複雜表現：首先會引發許多生理反應，這是有機體求生存的原始防禦機制。心理層面與其相關但又不盡相同，新皮質湧出對痛苦與危險的情感敘事，並受到舊記憶和知識的加工，混合為能夠向別人表達的恐懼。現階段神經科學認為只有人類大腦會創造恐懼的情緒故事。不過我們無法否認的是，痛苦和愉悅與身體有關，即使想要細分也會追本溯源到逃避痛苦或威脅的需求。

語言的能力也同樣牽連甚廣。生物學上值得留意的發現是：叉頭框P2基因（Forkhead box protein P2, FOXP2）對人類口語的正常發展有關鍵意義，而且這個基因在很多動物身上都能找到，包括常在人們家後院唱歌的知更鳥。另一個值得留意的現象是，叉頭框P2基因在女性身上較為活躍，而且人類與黑猩猩在這個基因的差異只有一個胺基酸。[3]新知令人興奮，卻無法解釋擁有語言為何等同擁有特權。

還有山迪歐（Shamdeo），他在印度穆薩菲爾卡納（Musafirkhana）森林深處被人發現時是與狼群一起生活，一九七八年熱愛旅行的作家布魯斯·查特文（Bruce Chatwin）前去拜訪。「他走進房間時總是充滿戒備，靠著牆壁一直留意暗處有什麼。」山迪歐以及其他類似案例都學不會說話，因為人類能力的發展似乎以八歲為界，之後才接觸語言的話也無法習得。我們要用什麼立場給山迪歐貼上不夠人類也不比我們重要的標籤？所以重點不在於差異是否存在；發現差異沒有問題，如何看待差異才要緊。

很多現在認為僅限於人類的特質，幾乎可以肯定都曾經出現在其他直立行走

3.譯按：二〇〇二年研究發現智人與黑猩猩分家之後FOXP2基因有兩處變異，且發生在過去二十萬年間。變異不僅在短時間內發生，還出現選汰掃除（selective sweep）現象，也就是在智人族群中快速取代舊基因。由於上述因素，有學者猜測該基因關乎人類獨有的語言功能和創造力。

的猿猴身上，不過牠們已經滅絕。有人認為大約二十萬年前，基因上的大霹靂造就現代人，這種想法也是迷思。就連或許幾萬年前曾經出現的文化革命，也只是為了說服我們自己而編造的故事，畢竟這些都是從現實的模糊痕跡去推測，也許真相截然不同。事實上我們不知道如何為漫長龐雜的歷史做分段，並指稱其中某些階段特別重要。

為了排除不確定感，人類社會開始主張是高尚的道德與強大的智力分別了人與獸。這不是邏輯，而是偏見。現代科學的先驅曾經深信理性能催生出健全繁榮的時代，因為只有人類能思考與談論德行和倫理。我們也因為這獨一無二的能力而享有特殊待遇。再者，能夠思考意義才會擁有意義。但他們沒考慮到的是，對於人類，不理性有時候才是合理的選擇。靈魂、理性或者意識這類詞彙染上靈性或準靈性色彩，成為我們善待彼此的思考基礎，對人類的保護和照顧也基於同樣假設才成立。阿奎那或許認為這是人類的內在價值，康德或許將其包裝為人類尊嚴，還有很多其他說法，無論名稱為何這種觀點很容易打動人。

可是有渲染力不代表就是真的，研究人類的行為與心理會發現我們對彼此有特殊的義務，但即便如此並不會抹煞我們的動物性。人文主義者聲稱人類的定義是充滿理性的心智，卻無視我們的豁免權成因有更多理由來自情感面。與很多人的期望相左，塑造人類的並不是道德邏輯，而是許多可能的選擇在心中競爭。至於所謂道德，本質是種特殊的混合物，成分包括偏見、直覺、歷史思維的衝突以及生物衝動。

近幾個世紀以來，人類社會似乎經歷一場道德覺醒。很多國家立法保護老人和弱勢族群。種族歧視依舊氾濫，但有所警覺的人也變多了。越來越多地區的女性不再遭受父權體制的絕對控制。上述現象都是道德進步，但考慮到各式各樣動植物的生命仍未被納入考量，聲稱這是人類歷史上最好的時代不免過度樂觀，或者至少該引人深思。將人類對地球上其他生物做的事情也納入考慮，我們還有同樣的自信嗎？確實目前沒有外力阻止人類以主觀思維稱霸地球，忽略其他生命，說不定只要身為掠食者且有能力的物種就會這樣做。果真如此的話，我們就不必自詡道德。

對變種人和火星的夢

試著想像這樣的未來：二三二〇年，人類在火星上建立三座城市。那裡的居民帶去了母星的基因材料與人造DNA混合。一座當地人愛去散步的小森林裡沒有會咬人的蟲子，熊乖乖待在角落不會出來打擾，穿梭花叢的蜜蜂沒有螫針。小孩子也不會追逐嬉鬧，蜜蜂不必跳舞溝通。而人類──如果還能這樣稱之──彼此無需碰觸。一切人事物沒有自己的意圖，策略或智能之間的平衡已經沒有必要。別的生命形態根本不需要智能，演化簡直成了穢語。

若在另一個星球上重現生命現象，我們就成為新世界的造物主。坐上那個位置，我們得面對新創世的種種難題。首先，我們為了什麼目的將生命送到別的地點？常見答案會是生命自有其價值，而且人類更有特殊價值。不過一旦開始思考價值的基礎為何，論述就變得模糊。若生命自身就代表好，擴展生物圈到其他星球是為全宇宙加分？若生命自有價值，而我們只將喜歡的生物帶去火星，不喜歡的就不帶去，地球依舊有包含我們厭惡和喜好在內的所有物種，那麼整體而言火星會比地球來得欠缺價值？因為物種多樣性較低，火星的演化是否也是地球的劣化版？我們總以為能夠排除思考中的不確定性，但與生命價值相關的困惑通常都來自我們對意義這個概念就充滿困惑。

科羅拉多大學天體生物學家布萊恩恩・海涅克（Bryan Hynek）主張，我們應該調整關注焦點，因為事實上人類連「微生物是否重要」都尚未決定。多數人心理對微生物有偏見，將其視為疾病之類的威脅根源。地球上的微生物被當作危害，但在海涅克眼裡，外星微生物帶來的興奮不下於木衛二（Europa，歐羅巴星）冰層底下有隻鯨魚。就算找到的只是單細胞生物，同樣能回答一個大哉問，也就是宇宙中是否僅地球有生命，這或許會是科學史上最重要的發現。但另一方面，人類想像中與外星生命接觸通常都沒好下場，多數作家將它們描繪得像是地球人的翻版。我們想像的外星人同樣是只在乎自身利益的掠食者。

現實中的火星並非小一點的地球，應該說太陽系內沒有那種地方。只有我們所在的行星具備生命的完美條件。所以先考慮更貼近生活的例子：二〇一六年，澳洲景觀建築協會（Australian Institute of Landscape Architects）設計了兼具美觀

和環保的綠色墨爾本，牆壁與高樓都布滿活生生會呼吸的花草。但若人類打算迎接自然回歸，無疑必須面對大小害蟲害獸的問題。我們是否要改造自己的皮膚對抗蚊蟲叮咬，還是能夠不為所動輕鬆看待？要不要透過基因科技消滅不喜歡的物種，或者減輕其危害但任其生存？寵物可能會遭殃，我們要接受事實，還是將牠們都鎖在家中？人類究竟想要與自然界建立怎樣的關係？

數千年來，人類嘗試將地球改造成為我們心目中理想的模樣。結果現在看來，我們一步步殺死這顆星球。

孩子們已經將之前世代所引發的生物多樣性降低與物種滅絕，當成人生最重要的課題之一。尋求人類與其他物種及其棲息地之間的倫理守則也是理所當然。開始關心這些議題更是當然。然而演化難以預測著實令人不安，我們嘗試要理解生命的價值，我們企圖透過以自己的方式設計生命來擺脫這樣的不安。

生命的演化機制沒有明確意圖或許是種慈悲。去年夏天，我與兒子們在住處四周的森林和田園尋找蘭花，越多越好，連著幾週我們栽進這個活動。引起他們興趣的是蜂蘭，努力很多次總算在距離我家農場二十英里的一處廢棄礦坑發現了它的蹤跡。我們抵達時附近都沒人，只有燦白蝴蝶成雙成對在草尖飛舞，彷彿看不見的火焰揚起灰燼。那兒蘭花盛開，大部分是較常見的紫斑掌裂蘭和金字塔蘭，但細心搜索之後終於找到一株高而美的蜂蘭。

蜂蘭沒有真正看過蜂，究竟如何演化能夠學會製造一隻假蜂？明明沒有眼睛卻能模仿蜜蜂形象，從人類角度又該如何看待這個不具思想的過程？[4]這才是奇蹟，演化就是奇蹟。但若演化競賽中只存在一種動機，最後什麼也演化不出來。人類設計演化並加入自身意志時，說不定會嚐到成為神的真正可怕之處。

4.譯按：生物學界已根據演化論提出解釋。演化並非僅有少數個體參與，也沒有明確時間限制。蜂蘭的祖先應當也依賴花蜜吸引蜜蜂，但隨即突變導致族群中出現外形稍微接近雌蜂的個體，相較於其他蘭花更容易吸引雄峰，也更容易延續基因。

慷慨的猴子

慷慨作為一種概念反覆出現在思想家的著作和論述中。多數宗教經典談論到慷慨，哲學家也一再提及。叔本華認為道德基礎在於憐憫和仁愛，也就是他口中的 *menschenliebe*（人本愛）。他明白慷慨與愛和情感有密切關係。英語中，emotion（情緒）語源和拉丁文 *emovere* 相關，意思是「移開」[5]。也就是說好的情緒能引發行動，所謂「但憑本心」通常也是這個意思。

然而慷慨這個詞也帶有一絲優越感，源於 *generosus* 或 magnanimity，指向貴族出身。若據此解釋，慷慨則意味在社會階級中具有優於他人的情緒。但我們可以追溯得更前面些，尋回這個字的原意。它來自古拉丁文 *gegnere*，意思是招致或產生，也就是某事物誕生後再帶來誕生的恩賜。[6] 換言之，慷慨是以慷慨之心促成慷慨之行，是以自己的心理解對方的心，將對方的感受當作自己的感受。

古代道家思想裡，莊子說過一個故事：魯地諸侯想治好生病的海鳥[7]，於是將鳥兒視同自己對待，賜予美酒和牛肉。過了三天，鳥兒死亡。「若他以鳥兒想

5.譯按：原文 to move away from，據維基詞典，emotion 向前追溯至法語 *émouvoir*（使感動或激動），再向前為拉丁文 *ēmōtus* 及動詞原形 *ēmoveō*。拉丁文部分有「擾動、刺激」（stir up, irritate）以及「延伸（並越界）」（protrude）的用法。

6.譯按：維基詞典記載之語源為中世紀法語 *générosité* 和拉丁文 *gener sitas*，其意義一為（貴族）出身，二為慷慨，此說法字形較為接近。*gegnere* 則被列為英語 genus（表同類、親緣之意）的語源，衍生出 generate、gender 等詞彙。

7.譯按：《莊子》中此故事通稱「魯侯養鳥」，開頭僅簡單交代「海鳥止於魯郊，魯侯御而觴之於廟」，並未詳細交代海鳥的狀態與魯侯的行為動機。

被對待的方式對待牠，」作者說：「便會將鳥兒送回森林深處的巢穴，任鳥兒悠遊於原野、在河湖泅水食魚、與同伴組隊翱翔。」

故事寓意在於做好事也必須符合對方的需求。我們做出行為選擇時會考慮對方需要什麼，判斷自己的決定是否呼應對方所需，也就是所謂的慷慨。這個模式的優勢在於能夠吻合每個個體、每個物種、每個生命階段特有的條件和狀態。五子雀（nuthatch）需要的和人類不同，小孩需要的也和大人不同。慷慨是個能變通的概念，關鍵在於關係會傾向友誼而非剝削。友誼就是不只著眼於利益，關係之中有不為服務我們而存在的意義。這個黃金法則不管對象是人類同儕、未來的子孫或別的生物同樣成立。但有很多人類機制虎視眈眈，為了更大的行為彈性或個人利益要推翻慷慨行為。所幸多數情況下，選擇不慷慨有其代價。

將人類與其他生物分隔開來的觀點並非奠基於慷慨。為了支持其中論述必須剝奪其他生物界的智能。我在美國科羅拉多州波德市工作時住過一間小房子，附近有塊滿是沙土的保育區，對面小學的操場和兒童遊樂場很大。因為房子裡還有別家人住，暑假期間為了避免小孩一大早吵到人，我就帶他們到學校操場玩。操場和保育區隔著一條路，順著下坡進入市區，遠方看得到朝霞籠罩洛磯山脈。孩子們扯開嗓門嬉鬧，我坐在旁邊望向馬路對面，保育區裡住著一些土撥鼠。

有一次回家路上發現小土撥鼠的遺體，應該是被晨間通勤的車輛給撞死的。接著從不知哪裡傳來一陣叫聲，過不久就有另一隻土撥鼠跑過來，繞著遺體繼續喊叫。牠停在那邊，發出的聲音與表現的動作足夠觸動我的心。幾天後，我正好見到科羅拉多大學生態與演化生物學榮譽教授馬克·貝考夫（Marc Bekoff），於是我順便詢問了土撥鼠的行為。他提供我他一年前寫過的文章，原來教授看過類似場景，是一隻幼年黑尾土撥鼠，同樣遭汽車撞死，另一隻成年土撥鼠五度試圖將小土撥鼠遺體帶走，期間一直「發出非常尖銳的叫聲」。

康斯坦丁·斯洛波奇科夫（Constantine Slobodchikoff）從一九八〇年代就開始研究土撥鼠。當時人類對牠們的社會行為所知甚少，只知道土撥鼠會將牠們的「城鎮」分割成不同區塊，每區居民數量不一定。他們原本以為會按照親緣關係分組，深入研究卻發現每個小組的規模與食物分配有關，尤其會顧及食物來源是否均衡、住處需要多強的防禦。此外，各區組員包括無親緣關係的個體，但

依舊彼此合作。以前人們曾以為土撥鼠的叫聲基本上都是示警，意思就是要夥伴們「注意」，但斯洛波奇科夫的研究團隊錄音分析，結論是牠們對郊狼、人類、狗、老鷹等等有不同叫法，而且聲學結構近似構成字彙的音素單位（phoneme）。土撥鼠可以用叫聲傳遞顏色、體積、形狀等多種不同資訊。

土撥鼠是一種地松鼠，過去數世紀常因為與人類爭奪農地而被殺害。現在牠們的棲息地只有原本的百分之二。理解人類的心智運作後，不難想見為何大眾拒絕看見明顯表現出智能的生物的需求，尤其當牠們會對我們造成妨礙時。另一個不算發現的發現則是：近距離觀察過這些動物的生活，就會更難痛下殺手。

人類心智的強大之處在於能夠表現出行為的高度多樣性，不論是對同類事物，甚至同類個體。最初的人類，或許是最初的靈長類，意識發展以後學會了彼此相處。可是人類的社會心理在戒備與支持、合作與自衛之間搖擺不定，於是讓我們彼此擁抱的力量也能引出性格中最惡劣的一面。社會心智凝聚我們，彷彿人類在世上同心合意，但它同時也將我們認為無需考慮的人事物排除在外。

相信動物身體裡有思考與感受，這樣的概念自古以來讓原本略帶攻擊性的靈長類變得更聰明也更有同情心。人是會付出自己的心意以交換安寧的生物。雖然這種行為的源頭可能是靈長類集體行動求生存，不代表其沒有價值。人類智能挖掘出的知識並不只屬於我們，理解他人的心思感受並表現出慷慨是一種新的行為類型。我們發現如何思考自己以外的生命，也發現儘管活著就有傷痛、會遭受威脅，旅途中卻處處是慷慨。只要我們願意，甚至也能想像整個生態系統有怎樣的「需求」。心智創造人格性的同時，愛也跟著延伸，突破自我、親屬、鄰人的界線不斷向外擴展。

同樣清楚的一點是，人類需要意義，否則無法面對人終將一死的這個世界。現代社會打造人類起源的故事，聲稱我們站上演化的最高階級，但若能克服這樣的階級思維其實會更好。現實令人不安，與其和解的辦法之一就是朝好的地方看。當我們察覺整個世界充滿活生生的各種智能，或許也就不覺得威脅那麼巨大。半個世紀之前，愛因斯坦也得出同樣結論。他曾致信一位喪親者，內容提到：「人類是宇宙整體的一部分，受限於時空。自我經驗、思想感受與外界隔離只是意識幻覺。」我們的任務就是從限制中解放，因為「唯有克服，才可能找到內心的平靜」。

我們的價值體系限制了我們的行為。我們要能夠停止以對整體生命有害的方式過度利用這個星球，就必須先看見周圍其他物種的心智、感受與意圖。當我們能夠瞭解這些生命，就能將內在價值擴及全部的生命。所謂的內在價值或許是人類建構的概念，也或許是動物無條件彼此照顧的個中道理。太隨興嗎？可能吧，但有什麼關係？我們本身都不真正符合我們所創造的價值。為了保障彼此，我們提出尊嚴平等的概念。尊嚴讓我們看見每個人的生命，不論生命階段或能力的生理差異，每個人都是珍貴且值得尊重的。在很多方面來看，尊嚴是一種充滿力量的理解方式。

我們也應該如是看待其他物種。所有生命形態都獨一無二，應該說生命本身就如此獨特。無論人類對彼此有什麼責任義務，都不會切斷我們與其他生命的關係，也不代表有價值的只有人類。人類特質的的確確使我們的行為複雜多變，可是彈性和韌性都無法終結我們的動物身分。人類的位置與其他動物同在。是時候我們可以對自己訴說新的故事，內容創新又簡單：如果人類很重要，其他一切同樣重要。

尾聲

論身為動物的美

將手放在它的眉，
花的眉，
以言語撫觸再傾訴，
它的美，
終會自內而外再綻放，
顧盼生輝。

——高爾威・金內爾[1]

一天晚上，我突然有個莫名的感覺。這麼說或許不太精準，總之並非當下腦袋裡意識到的事情。我忽然哭了起來，還很大聲，平常的我不會這樣。那股情緒襲捲全身，像風在海面上蓄積了能量衝向陸地。接著一瞬間，意象清晰了，我恍然大悟，是因為孩子快滿十歲，即將長大獨立，這個念頭帶著傷感湧出。雖然兒子不知道，但他正要爬出我倆共享他童年回憶的花園。往後他與我的交集只會一步步減少，他終將邁向屬於自己的未來。而我經歷的是短暫的失落感奇點，感慨

1.譯按：詩名 Saint Francis and the Sow，接續第一章最後引用詩句。

逝去的光陰、彼此陪伴的歲月，還有以後沒辦法保護他了。除此之外，或許多少嗟嘆自己人生匆匆，童年早已走遠。

翌日我寫信給母親，她立刻回覆了。「恐怕妳還有得欷歔，」她在回信裡頭說：「等當了祖母又要重新走一遭！我們巴望時間慢一些，但總是轉眼就結束，大家都不得不向前。」但想像一下，要是我能多活五十年呢？如果我延長壽命，在不同階段與不同對象生兒育女，年紀大了利用年輕時留下的卵巢切片延緩更年期，或者乾脆裝上全新生殖器？如此一來就能推遲失落感，稍微延長自我。再不然，索性捨棄不可靠的醫療，將自己一步步轉移到機器。現在人類面對的就是這種轉捩點。可是同時我們又看見無數動植物、有機體的生命遭奴役，我們奪走越多，牠（它）們的生命之火就越微弱。人類究竟打算拿自己的世界怎麼辦？

別急著嗤之以鼻，思考一下，若我們不是動物，會得到什麼好處？或者反過來也行，我們當動物有什麼好處？想想音樂。調查顯示，約有九成人類每週都要聽好幾個鐘頭的音樂，對許多人來說，失去音樂的生命很貧乏。學界尋找大腦的「音樂區塊」已經很長一段時間，希望藉此解釋這種獨特的人類行為，可惜尚未有收穫。前陣子以中美兩國人為對象的研究發現，至少十三種主要情緒能透過音樂激發，其中好幾種仰賴生理機制各層面的配合。聽音樂時可以體驗到波濤洶湧的悲歡喜樂，是數種動物性特徵交互作用的結果。此外，各種情緒不是大腦無中生有、單純靠自我意識就得以存在，而是透過有機化學物質和生理機制調控，以難以解析的複雜網路形式遍布身體各處。不是動物只怕真沒辦法享受音樂。

那為什麼我們認為音樂是由數學與演算法構成？電腦或許可以從數百萬作曲家的作品中找出適合元素，複製混合出品質尚可的歌曲，但如果我們無法感受，那也只是白搭。聽音樂類比的對象應該是嗅蜂蜜、性愛、健健康康欣賞壯麗風景之類，而不是數學演算法。同理，若要與人類對莫札特或 Lady Gaga 的反應相提並論，主角該是大西洋深處的鯨魚有何體驗，而非用來放音樂的電腦。

或許有人會說，是我們的身分和記憶使音樂有了特殊意義。然而人這個身分就是作為動物的記憶。英語裡「意義」（meaning）這個字的前身是 *meninge*，而 *meninge* 現在則代表腦膜（腦膜炎是 meningitis）[2]，拉丁文的原始意義是憶起，由此可見意義是喚起記憶的動作。人類文化決定忘卻動物身分，實在很諷刺。

2. 譯按：根據維基詞典，腦膜一詞語源應是古希臘語 μῆνιγξ（現代拼寫 *mênínx*，其意義即為「膜」），現代英語中腦膜複數形為 meninges，單數形即為 meninx，對應古希臘文。

我們從細胞的層級調出身體的記憶，想起對刺激物的經驗。世界不停在人類五感投下豐富訊息，記憶並不限於我們對事物的直接思緒，還有伴隨事件而起的喜怒哀樂。這些都要以動物身分才能夠體會。所以尋找生命意義時，不如自問做個動物究竟有沒有意義。

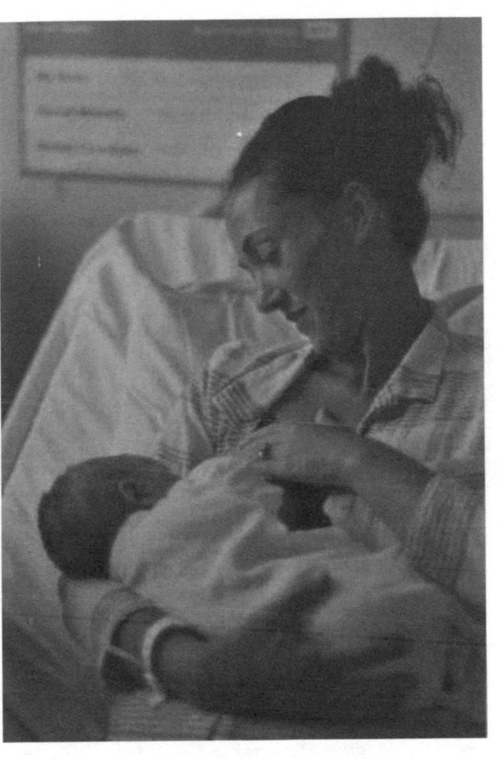

等我們想清楚了以後，再決定是否要急著擺脫生命體的各種麻煩。人生最重要的一些階段，發生在我們還沉睡於母親子宮的韻律裡，以及出生後在母親懷中的依偎。締結友誼、任何性偏好的愛情、對陌生人的寬容與慷慨，這些行為都內建於身體系統，從遠古的親子關係演變而來。以色列心理學家盧絲．費德曼（Ruth Feldman）革新我們對早期發展的觀念，她撰文提到：「成長後各種形式的情感依附，都形塑自敏銳期（sensitive period）[3]的孩子與母親之間的連結機轉。」

針對這方面的研究，最初以大鼠和一夫一妻的草原田鼠為樣本。哺乳類動物的幼兒時期多半無力自保，需要母親陪在身旁。之前提到催產素和多巴胺的作用，以及胚胎與嬰兒期是腦神經元形成網路連結的重要階段。在脊椎動物的演化裡，形成催產素的部位兼有許多生理機制的調節功能，所以在社會行為上我們能有特別多的可能性。無獨有偶，哺乳類動物大腦伏隔核（nucleus accumbens）有多巴胺受體，而且與催產素受體連接在一起。催產素與多巴胺之間關係越密切，大腦獎賞系統對於新的結盟行為的接受度就越高。一份研究顯示，發育中的草原田鼠的催產素受器密度與之後該個體與伴侶依偎的時間長度有關。

不過嚙齒動物的母子連結時間短暫，僅止於滿足需求。人類再次展現不同之處，如我們這樣的靈長類動物長期團體生活，關係變化幅度大，取決於記憶、內

3.譯按：指在兒童發展過程中，求知的動機提升，以獲得技巧與能力，此時孩子會對某些東西特別感興趣。

分泌，以及對成員的觀察。但母體依舊是社會發展的重要環境。胎兒在母體內成長時會適應母親的心跳和母親身體感受到的壓力，離開母體之後也會習慣母親的觸碰，並且觀察母親如何對他人進行社會回應、從中感受到多少壓力。這些因素會改變孩童中樞神經系統的發展，對大腦做出調整。

在我們生命的早期階段，身體就對各種情感依附經驗留下感官和具體記憶。這些記憶伴隨我們度過人生其他階段。對人類而言，父親（或者說母親的配偶）以及其他親密互動的個體也扮演重要角色，他們的養育行為同樣大大影響嬰兒的腦部發展，並協助減輕主要照顧者的生活壓力。儘管早期關係不良，後來仍有機會修補，但是否能在這些關係中得到正增強，將會對長大以後表現的同情心強度造成影響。之前一份研究結果似乎指向，催產素會對哺乳類動物的杏仁核產生影響，若發育初期的情感依附狀況較佳，杏仁核接受催產素的時間就會較長，因而降低了個體對危險或不愉悅情境的恐懼反應，強化未來運用正向情感與他人產生連結的程度。

以上種種方面人類都已經表現得很棒了。但我們不會停留在發育之初，還會繼續拓展其他關係。人們能夠搭火車就順便跟陌生人結交，甚至也能跨物種與栗鼠變成朋友。若說關係彈性是人類心理最刺激的特點並不為過。我們在情感依附以及關係範圍上有異乎尋常的可能性，內心的愛和體諒可以穿越時間或進入象徵的世界。於是人類對逝者有愛，對國家有愛，對上帝有愛，對後院的鳥兒也有愛。各種不同種類的愛都活用了身體自嬰兒期就發展出來的連結模式，也受到兒時學習的依附模式與經驗所影響。而此刻我們才剛開始探索這個模型的彈性到底有多大。人類的性與生殖的發展歷程能被運用到什麼程度以符合成年人的動機？目前沒人答得出來。

當我們開始想像捨棄身體或以模擬的機器取代，反而會更加意識到這種念頭多麼奢侈浪費。最初我們是昏暗子宮中一團不斷分裂增殖的細胞，再來成了水生動物，獨占一片海洋。幾週之後原始小臉成形，再來是像髮絲一樣細的嘴巴。一個月左右，睫毛長度的小手長出來，還會握緊放開。懷孕期間，一部分胎兒的細胞會進入母體，這種現象稱作微嵌合（microchimerism），在哺乳類動物身上很常見。孩子的一部分就此留在母親體內，陪她走完後半生。

離開子宮以後，嬰兒開始尋找母親的乳頭，於是孩子的血肉之軀與母親的血肉之軀互相接觸。母乳內的脂肪酸、抗體、殺菌蛋白進入嬰兒喉嚨，提供對抗疾病的養分。同時母子雙方的催產素濃度都會提高，情緒、社會行為、嗅覺、壓力反應都起了變化，也對杏仁核產生影響。杏仁核將母親的注意力和回應轉移到兒女身上，盯著孩子面孔時大腦獎勵中樞在黑暗中發出光芒。

新生兒對觸摸的反應從細胞分子的層面啟動，得到父母擁抱能夠調節體溫心跳與呼吸。一般人抱起難過或受驚嚇的孩子都會慢慢拍拍他的背，這是一種無意識的動作。而被拍背的嬰兒脈搏、啜泣、換氣都會減緩，一天一天慢慢地學會回應。

這些反應都屬於血肉之軀。

人類的身體展現非凡的行為同步性，那是電腦或手機學不來的。達成結盟的人，無論關係多短暫，會透過鏡像模仿彼此的碰觸及肢體語言。愛侶之間連伽馬（gamma）頻段神經震盪和身體裡的特定荷爾蒙都能同步。但無論如何終究是母親和出生不久的孩子之間連結最緊密，雙方身體協調時心率幾乎一致，腦部阿法（alpha）與伽馬波彷彿合而為一，催產素與皮質醇濃度都有顯著變化。

這些現象不只發生在人類身上。其他動物的社會行為與許多身體機能也與接受到的撫觸有關。我們和所有哺乳類動物的共通點，是CT神經纖維（C-tactile afferents），在有毛髮的皮膚以及脊髓上都能找到這種神經元。母鼠舔後代的行為對於小鼠的生理產生重大影響，我們幾乎可以肯定類似機制、伴隨的愉悅感、在身體引發的好處，是地球上哺乳類動物所共有的特徵。

一九五〇年代，心理學家哈里．哈洛（Harry Harlow）從恆河母猴身邊帶走剛出生的幼猴，隔離雙方長達一年。他想證明撫觸對行為發展的重要性。結果的確發現即使將幼猴送回原本群體，牠們亦無法社會化，會開始扯自己的毛、咬傷自己手腳。而且不意外的，在隔離最久的一群小猴子身上，改變是永久性的。後來另一個實驗裡，他提供幼猴兩種母親範本，一個是鐵絲網但會哺乳，另一個是布料玩偶。實驗結果是幼猴只找鐵絲網媽媽填飽肚子，之後則會跑去抱著布娃娃。實驗超過十年，哈洛得出的結論可謂平凡無奇，就是肢體互動、社會情感對於猿猴的正常發展很重要，特別是剛出生的幾個月。他煞費苦心證明了千萬年來每個母親都知道的事。

正常情況下，這種研究不會獲准以人作為實驗對象。近代人類歷史上的類似情境，只有前羅馬尼亞政治領袖尼古拉・希奧塞古（Nicolae Ceauçescu）導致十萬兒童進入孤兒院。[4]他妄自尊大所以能夠如此狠心。那些孩子在缺乏感官刺激和肢體關愛的環境

4.譯按：背景是希奧塞古提倡以人口增加國力，實施禁止墮胎和避孕的政策，還對沒有小孩的公民額外課稅。無法養育過多兒女的窮人迫不得已便將親生兒女丟在孤兒院。

下長大，後來身體出現很多問題，包括平衡感、協調度、視覺空間認知和語言發展遲緩。

從這種浩劫式的社會實驗中可以發現，人類本質或許終究得回歸肉體。這並不代表我們一輩子不能對身體做出任何改變，而是指向地球動物的身體或許無法捨棄，轉移到其他形態的計畫恐怕會是一場空。改造擴充這個形態下的身體能力、延長壽命當然都有可能，但也許超過某個臨界點之後，生命動態機制將不會屈從人類的意志。個人的主觀經驗摻雜很多因素，其中包括睡眠是否充足、荷爾蒙多寡、腦部是否有出血等等。撇下種種考量，視人類如電腦程式般僵化，只能說是為了對抗無常而造出的一場夢。

人工智能專家彼得．本特利（Peter Bentley）也認為大家應該小心，別太快認為機器智能將脫離輔助角色，取代人類和動物智能。「我們總以為智能源於複雜性，但這個理論模型或許錯了，」他這樣告訴我。智能有可能源於他處，例如體內平衡。「演化有四十億年時間可以試誤，」本特利說：「它對基因的操作就是一種解決問題、追求存續的智能。」我們是否真心想要抹煞演化的地位？危險在於，這麼做可能也會從生命世界中「抹煞思考過程」。

畢竟電腦的定位應該是工具而非具有人格性，是輔助我們而不是取代我們。如果大眾認定智能僅僅存在於大腦，便可能以電腦或手機代替孩童早期發展中父母或朋友的角色。這麼做就是忘記了人會彼此學習，互動中並不只是交換資訊，也改善自身的知識，還善用肉體各個層面以學習動作、社交、長期記憶，並且增加自我認識。

人體自有其機制，如果我們以私人企業從小行星挖掘到的金屬加以取代，會有什麼後果？電腦程式有可能遭駭客入侵，甚至被刪除改寫。與人工製造的智能模型相比，其實我們的身體比較可靠，就像很多情況下意識經驗可能淡化或消失，結果身體功能卻還繼續運作。就算罹患阿茲海默症，記憶與認知逐漸破損，身體還是能保有其智能很長時間，腸子、血液、細胞、酵素都不會停工。若從這個角度觀察，彷彿人格性才是過客，欣賞著生命能量在我們缺席時盡忠職守。又或者生命系統幕後自有更高主宰，控制權並不完全在我們手中。

許多人對機器的期盼太過殷切，漠視了自己的身體有多麼奇妙。我們或多或少都會因為疾病而恐慌，還有不少人靠著健保制度才能好好活著。但別忘記，醫師常常也只是設法支撐身體本來就具有的強大機制。免疫系統由太多元素構成，有時候我們甚至忘記它的存在。仔細想想就明白免疫系統有多厲害，身體的細胞與化學能夠分辨外來物，甚至判斷是否有害及是否該加以消滅。人造化學物質不存在於自然環境卻能觸發動物體內新的免疫反應，科學家花了幾十年時間才瞭解其中規則。免疫系統怎麼認識新物質，又怎麼對它們做出危險分類？免疫學家研究後發現，它們是從近乎分子的層次進行試探識別。而我們的身體可以做到，則是因為地球有機體本質相通。換句話說，是生物之間的親緣傳承推動免疫系統。

「我信任妳，我的靈魂，」華特．惠特曼在〈自我之歌〉（Song of Myself）中如此說：「另一個我不可屈膝於你，妳也不可屈膝於另一個我。」惠特曼不認為思考的自我凌駕於動物身軀。而失去肉體的靈魂，只是無所適從的抽象存在。為拯救人格性而放棄動物身分，實則忘記人格性和動物性是一體兩面。我們從來不需要逃避，我們已是應然的模樣，而且在很多重要層面上，也已經是我們希望的模樣。抬頭望向晴朗夜空尋找星星，並非只有記憶留存了光影變幻，身體也會回想黑暗，接著眼睛適應了，自錐狀細胞到桿狀細胞啟動適應機制，這個過程或許得花上一整個鐘頭。光子接觸眼睛裡的光受體，與蛋白質分子互動。人類的光受體內的主要分子與地球上其他脊椎動物相同，用功能差不多的一副眼睛觀賞美景。

現在我們還是地球上的生物，有肉體，也有意識與情緒，還有壽命的極限。但我們也有電腦、手機，某些人還裝了鈦合金心臟支架、義肢或外骨骼，機器與神經合而為一。然後還有高樓大廈、火箭以及太空站。即使如此，我們依舊是動物，與過往先人一樣是星塵的子孫。身為動物，我們的身體可以攜帶病毒，吃了東西會放屁，心臟撲通撲通將血液與情緒運送到全身。成人以後就尋找伴侶，望著對方眼睛時血液流入大腦伏隔核，就跟母親望著孩子時啟動了同樣一個區塊。寶寶誕生，父母朝他們的頭嗅聞，身體裡荷爾蒙起了變化，愛如潮水湧出。撫觸孩子的身體，我們心裡增添一份慈愛。朋友有難，我們幫忙打氣，大腦分泌腦內啡，同時帶來了希望。主觀意識從孩提時代到青年期逐漸發展，老年開始衰弱，都是人生必經之路。

如果身體有其意義也有其智能，如果身體像座劇場，自我只是偶爾接觸不良的燈光，傳達美和意義的這齣戲在黑暗中依舊能繼續上演。這是值得深思的可能性。或許關鍵並不在於我們對身體有多少認識，而是讓身體好好運作，如此一來道德機制或許受限，但道德主體無所不在，想像出來的進步前景就能夠繽紛燦爛又永續長存，而不會只有單一價值又困在人的意識形式與所能傳遞的意義裡。

精選書目

本書靈感緣起已經是十多年前，期間參考借鏡的文獻與學者數量龐大，書中也引述了不少近期的研究。我盡力確保科學資訊能夠佐證我的核心概念，同時論述主軸——人類是動物，即便社會難以接受，這個事實還是很重要——不會因為學術研究可能有稍微不同的詮釋就遭到撼動。下面是我引用的論文或文章，若讀者有興趣追本溯源和閱讀全文可以參考。此外，我覺得會有幫助的部分則附上該學者或思想家的相關著作。

Adler, Mortimer J., *The Difference of Man and the Difference It Makes* (Fordham University Press, 1993)

Ariely, Dan, *The Honest Truth About Dishonesty: How We Lie to Everyone – Especially Ourselves* (Harper Collins, 2012)

Bain, Paul G., Jeroen Vaes and Jacques-Philippe Leyens (eds), *Humanness and Dehumanization* (Psychology Press, 2013)

Bandura, Albert, *Moral Disengagement: How People Do Harm and Live With Themselves* (Worth Publishers, 2016); also Bandura, Albert, Claudio Barbaranelli, Gian Vittorio Caprara and Concetta Pastorelli,

'Mechanisms of Moral Disengagement in the Exercise of Moral Agency' (*Journal of Personality and Social Psychology*, 1996)

Banks, Iain M., *Surface Detail* (Orbit, 2010)

Barash, David, 'It's Time to Make Human–Chimp Hybrids: The Humanzee Is Both Scientifically Possible and Morally Defensible' (March, 2018). It can be found here: nautil.us/issue/58/self/its-time-to-make-human_chimp-hybrids; also his book *Through a Glass Brightly: Using Science to See Our Species as We Really Are* (Oxford University Press, 2018)

Bar-On, Yinon M., Rob Phillips and Ron Milo, 'The Biomass Distribution on Earth' (*PNAS*, 2018)

Barron, Andrew and Colin Klein, 'What Insects Can Tell Us About the Origins of Consciousness' (*PNAS*, 2016)

Beatson, Ruth, Michael Halloran and Stephen Loughnan, 'Attitudes Toward Animals: The Effect of Priming Thoughts of Human-Animal Similarities and Mortality Salience on the Evaluation of Companion Animals' (*Society and Animals*, 2009)

Bednarik, Robert G., 'The Origins of Symboling' (*Signs Journal*, 2008); also 'On the Neuroscience of Rock Art Interpretation' (*Time and Mind*, 2013)

Bickerton, Derek, *Adam's Tongue: How Humans Made Language, How Language Made Humans* (Hill & Wang, 2009)

Braidotti, Rosi, *The Posthuman* (Polity Press, 2013)

For the new technique of transparency, see Cai, Ruiyao et al., 'Panoptic Imaging of Transparent Mice Reveals Whole-Body Neuronal Connections' (*Nature Neuroscience*, 2018)

Chalmers, David and Andy Clark, 'The Extended Mind' (*Analysis*, 1998)

Church, George and Ed Regis, *Regenesis* (Basic Books, 2012)

Clayton, Nicola S. and Anthony Dickinson, 'Episodic-like Memory During Cache Recovery by Scrub Jays' (*Nature*, 1998); also Emery, Nathan J. and Nicola S. Clayton, 'The Mentality of Crows: Convergent Evolution of Intelligence in Corvids and Apes' (*Science*, 2004)

For the paper on IVG, see Cohen, Glenn, George Q. Daley and Eli Y.

Adashi, 'Disruptive Reproductive Technologies' (*Science Translational Medicine*, 2017)

Corballis, Michael C., 'Wandering Tales: Evolutionary Origins of Mental Time Travel and Language' (*Frontiers in Psychology*, 2013); also Suddendorf, Thomas and Michael Corballis, 'Mental Time Travel and the Evolution of the Human Mind' (*Psychological Monographs*, 1997) and Corballis, Michael C. and Thomas Suddendorf, 'Memory, Time, and Language' in C. Pasternak (ed.), *What Makes Us Human* (Oneworld Publications, 2007)

Costello, Kimberly and Gordon Hodson, 'Exploring the Roots of Dehumanization: the Role of Animal-Human Similarity in Promoting Immigrant Humanization' (*Group Processes and Intergroup Relations*, 2010)

For the study on Cova dels Cavalls, see López-Montalvo, Esther, 'Hunting Scenes in Spanish Levantine Rock Art: An Unequivocal Chrono-cultural Marker of Epipalaeolithic and Mesolithic Iberian Societies?' (*Quaternary International*, 2018)

Cremer, Sylvia, Sophie A. O. Armitage and Paul Schmid-Hempel, 'Social Immunity' (*Current Biology*, 2007)

Cummins, Denise, 'Dominance, Status, and Social Hierarchies' in Buss, David M. (ed.), *The Handbook of Evolutionary Psychology* (Wiley, 2005)

Damasio, Antonio, *Self Comes to Mind* (Pantheon, 2010)

Davis, Matt, Søren Faurby and Jens-Christian Svenning, 'Mammal Diversity Will Take Millions of Years to Recover from the Current Biodiversity Crisis' (*PNAS*, 2018)

De Dreu, Carsten K. W. and Mariska E. Kret, 'Oxytocin Conditions Intergroup Relations Through Upregulated Ingroup Empathy, Cooperation, Conformity, and Defense' (*Biological Psychiatry*, 2016)

De Pasquale, Concetta et al., 'Psychopathological Aspects of Kidney Transplantation: Efficacy of a Multidisciplinary Team' (*World J. Transplant*, 2014)

Della Porta, Donatella, 'Radicalization: A Relational Perspective' (*Annual Review of Political Science*, 2018)

Dorovskikh, Anna, 'Killing for a living: psychological and physiological effects of alienation of food production on slaughterhouse workers'. Undergraduate honours thesis, University of Colorado, Boulder.

Du, Hongfei, et al., 'Cultural Influences on Terror Management: Independent and Interdependent Self-esteem as Anxiety Buffers' (*Journal of Experimental Social Psychology*, 2013)

Eisnitz, Gail A., *Slaughterhouse: The Shocking Story of Greed, Neglect, and Inhumane Treatment Inside the U.S. Meat Industry* (Prometheus, 2009)

England, Jeremy, 'A New Physics Theory of Life' (*Quanta* magazine, 2014). To read more on Jeremy England's theories, visit www.quantamagazine.org/first-support-for-a-physics-theory-of-life-20170726/

Robert S. Feldman's work on lying can be found in Moskowitz, Michael, *Reading Minds: A Guide to the Cognitive Neuroscience Revolution* (Routledge, 2018)

Feldman, Ruth, 'Maternal and Paternal Plasma, Salivary and Urinary Oxytocin: Considering Stress and Affiliation Components of Human Bonding' (*Developmental Science*, 2010)

Fernandez, Silvia, Emanuele Castano and Indramani Singh, 'Managing Death in the Burning Grounds of Varanasi, India: A Terror Management Investigation' (*Journal of Cross-cultural Psychology*, 2010)

Fitzgerald, Amy J., Linda Kalof and Thomas Dietz, 'Slaughterhouses and Increased Crime Rates: An Empirical Analysis of the Spillover from "The Jungle" into the Surrounding Community' (*Organization and Environment*, 2009)

Sarah Franklin has written extensively on biotechnology, and her works are available on her website, sarahfranklin.com. To see the text I used, visit sarahfranklin.com/wp-content/files/Franklin-Life-entry-from-Bioethics-2014.pdf

Frith, Chris D. and Uta Frith, 'Interacting Minds – A Biological Basis (*Science*, 1999); also Frith, Uta and Chris D. Frith, 'Development and Neurophysiology of Mentalizing' (*Philosophical Transactions of Royal Society of London, Series B*, 2003)

Gaesser, Brendan and Daniel L. Schacter, 'Episodic Simulation and

Episodic Memory can Increase Intentions to Help Others' (*PNAS*, 2014)

Gagneux, Pascal, Christophe Boesch and David S. Woodruff, 'Female Reproductive Strategies, Paternity, and Community Structure in Wild West African Chimpanzees' (*Animal Behaviour*, 1999)

Goldenberg, Jamie L. and Kasey Lynn Morris, 'Death and the Real Girl: The Impact of Mortality Salience on Men's Attraction to Women as Objects' in Roberts, Tomi-Ann et al. (eds), *Feminist Perspectives on Building a Better Psychological Science of Gender* (Springer, 2016); also Cox, C. R., J. L. Goldenberg, J. Arndt and T. Pyszczynski, 'Mother's Milk: An Existential Perspective on Negative Reactions to Breastfeeding' (*Personality and Social Psychology Bulletin*, 2007)

Haidt, Jonathan et al., 'Moral Foundations Theory: The Pragmatic Validity of Moral Pluralism' (*Science*, 2012)

Haile-Selassie, Y., S. M. Melillo, A. Vazzana, S. Benazzi and T. M. Ryan, 'A 3.8-million-year-old Hominin Cranium from Woranso-Mille, Ethiopia' (*Nature*, 2019)

Harris, Lasana T. and Susan T. Fiske, 'Dehumanizing the Lowest of the Low: Neuroimaging Responses to Extreme Out-Groups' (*Psychological Science*, 2006); also Harris, Lasana T., *Invisible Mind: Flexible Social Cognition and Dehumanization* (MIT Press, 2017)

Heilbroner, Robert, *Visions of the Future: The Distant Past, Yesterday, Today, and Tomorrow* (Oxford University Press, 1996)

To read more on He Jiankui, see Cohen, Jon, 'The Untold Story of the "Circle of Trust" Behind the First Gene-edited Babies' (*Science*, 2019) accessible at www.sciencemag.org/news/2019/08/untold-story-circle-trust-behind-world-s-first-gene-edited-babies

Henrich, Joseph, *The Secret of Our Success: How Culture Is Driving Human Evolution, Domesticating Our Species, and Making Us Smarter* (Princeton University Press, 2015)

Herzog, Harold A., 'The Moral Status of Mice' (*American Psychologist*, 1988); see also Herzog, Hal, *Some We Love, Some We Hate, Some We Eat: Why It's So Hard To Think Straight About Animals* (Harper Collins, 2010)

Hill, Kim, Michael Barton and A. Magdalena Hurtado, 'The Emergence of Human Uniqueness: Characters Underlying Behavioral Modernity' (*Evolutionary Anthropology*, 2009)

Hirschberger, Gilad, Victor Florian and Mario Mikulincer, 'The Existential Function of Close Relationships: Introducing Death into the Science of Love' (*Personality and Social Psychology Review*, 2003)

Hodgson, Derek, *The Roots of Visual Depiction in Art: Neuroarchaeology, Neuroscience and Evolution* (Cambridge Scholars, 2019)

Hrdy, Sarah Blaffer, *Mothers and Others: The Evolutionary Origins of Mutual Understanding* (Harvard University Press, 2011)

Impey, Chris, *Beyond: Our Future in Space* (W. W. Norton, 2015)

Jackendoff, Ray, 'Your theory of language evolution depends on your theory of language' in Larson, Richard K., Viviane Déprez and Hiroko Yamakido (eds), *The Evolution of Human Language: Biolinguistic Perspectives* (Cambridge University Press, 2010); also *Foundations of Language: Brain, Meaning, Grammar, Evolution* (Oxford University Press, 2002)

Jasanoff, Alan, *The Biological Mind: How Brain, Body, and Environment Collaborate to Make Us Who We Are* (Basic Books, 2018)

Jost, John T. and George A. Bonanno, 'Conservative Shift Among High-Exposure Survivors of the September 11th Terrorist Attacks' (*Basic and Applied Social Psychology*, 2006)

Keil, Frank, *Concepts, Kinds, and Cognitive Development* (MIT Press, 1989)

Kipnis, David, Patricia J. Castell, Mary Gergen and Donna Mauch, 'Metamorphic effects of power' (*Journal of Applied Psychology*, 1976)

Kurzweil, Ray, *How to Create a Mind: The Secret of Human Thought Revealed* (Duckworth, 2014); also kurzweilai.net

Lane, Nick, *The Vital Question: Why Is Life the Way It Is?* (Profile, 2015)

Levy, Jonathan et al., 'Adolescents Growing Up Amid Intractable Conflict Attenuate Brain Response to Pain of Outgroup' (*PNAS*, 2016)

Llinás, Rodolfo, U. Ribary, D. Contreras and D. Pedroarena, 'The Neuronal Basis of Consciousness' (*Philosophical Transactions of Royal Society of London Series B*, 1998)

The Nick Longrich quote comes from his article 'Were Other Human Species the First Victims of the Sixth Mass Extinction' on realclearscience.com (November 2019) accessible at www.realclearscience.com/articles/2019/11/23/were_other_human_species_the_first_victims_of_the_sixth_mass_extinction_111191.html

MacIntyre, Alasdair, *Dependent Rational Animals* (Bloomsbury Academic, 2009)

Malotki, Ekkehart and Ellen Dissanayake, *Early Rock Art of the American West: The Geometric Enigma* (University of Washington Press, 2018)

McBrearty, Sally and Alison S. Brooks, 'The Revolution That Wasn't: A New Interpretation of the Origin of Modern Human Behavior' (*Journal of Human Evolution*, 2000)

Melis, Alicia P., Patricia Grocke, Josefine Kalbitz and Michael Tomasello, 'One for You, One for Me: Humans' Unique Turn-taking Skills' (*Psychological Science*, 2016)

Menzel, Randolf, G. Leboulle and D. Eisenhardt, 'Small Brains, Bright Minds' (*Cell*, 2006)

Meunier, Joël, 'Social Immunity and the Evolution of Group Living in Insects' (*Philosophical Transactions of Royal Society of London, Series B*, 2015)

Midgley, Mary, 'Biotechnology and Monstrosity: Why We Should Pay Attention to the "Yuk Factor"' (The Hastings Center Report, 2000); also *Beast and Man: The Roots of Human Nature* (Cornell University Press, 1978)

Molenberghs, Pascal et al., 'The Influence of Group Membership and Individual Differences in Psychopathy and Perspective Taking on Neural Responses When Punishing and Rewarding Others' (*Human Brain Mapping*, 2014); also Molenberghs, Pascal and Winnifred R. Louis, 'Insights from fMRI Studies into Ingroup Bias' (*Frontiers in Psychology*, 2018)

Mormann, Florian et al., 'A Category-specific Response to Animals in the Right Human Amygdala' (*Nature Neuroscience*, 2011)

Motyl, Matt et al., 'Creatureliness Priming Reduces Aggression and Support for War' (*British Journal of Social Psychology*, 2012)

The source of the quote by Elon Musk on 'summoning a demon' is in his speech at the 2014 MIT Aeronautics and Astronautics Department's Centennial Symposium. Visit: www.youtube.com/watch?time_continue=5&v=zQcNdEMJ38k&feature=emb_title

Nagasawa, Miho et al., 'Oxytocin-gaze Positive Loop and the Coevolution of Human–Dog Bonds' (*Science*, 2015)

Navarrete, Carlos, 'Death Concerns and Other Adaptive Challenges: The Effects of Coalition-relevant Challenges on Worldview Defense in the US and Costa Rica' (*Group Processes and Intergroup Relations*, 2005); also Navarrete, C. D. and D. M. T. Fessler, 'Normative Bias and Adaptive Challenges: A Relational Approach to Coalitional Psychology and a Critique of Terror Management Theory' (*Evolutionary Psychology*, 2005)

Nussbaum, Martha C., 'Objectification' (*Philosophy & Public Affairs*, 1994); also *Upheavals of Thought: The Intelligence of Emotions* (Cambridge University Press, 2001)

Olson, Eric, 'An Argument for Animalism' in Martin, R. and J. Barresi (eds), *Personal Identity* (Blackwell, 2003); also Blatti, Stephen and Paul F. Snowdon (eds), *Animalism: New Essays on Persons, Animals, and Identity* (Oxford University Press, 2016)

Oppenheimer, Stephen, *The Real Eve: Modern Man's Journey Out of Africa* (Carroll & Graf, 2004)

Pepperberg, Irene M., 'Cognitive and Communicative Abilities of Grey Parrots' (*Current Directions in Psychological Science*, 2002); also *Alex & Me* (Collins, 2008)

For the section on autotrophs, I was inspired by a sobering reflection on energy by David Price, 'Energy and Human Evolution' (*Population and Environment*, 1995)

For the source of the quote from Giulio Prisco, see *Tales of the Turing Church: Hacking Religion, Enlightening Science, Awakening Technology* (independently published, 2018)

Pyszczynski, Thomas, Jeff Greenberg and Sheldon Solomon, 'A Dual Process Model of Defense Against Conscious and Unconscious

Death-related Thoughts: An Extension of Terror Management Theory' (*Psychological Review*, 1999) ; see also *The Worm at the Core: On the Role of Death in Life* (Penguin, 2016)

Rabasa, Angel et al., *Beyond Al-Qaeda* (RAND Corporation, 2006)

Rizal, Yan et al., 'Last Appearance of Homo erectus at Ngandong, Java, 117,000–108,000 Years Ago' (*Nature*, 2019)

Roosth, Sophia, *Synthetic: How Life Got Made* (University of Chicago Press, 2017)

Roylance, Christina, Andrew A. Abeyta and Clay Routledge, 'I Am Not an Animal But I Am a Sexist: Human Distinctiveness, Sexist Attitudes Towards Women, and Perceptions of Meaning in Life' (*Feminism and Psychology*, 2016)

Sandel, Michael J., *The Case Against Perfection* (Belknap Press, 2007)

Savulescu, Julian, 'In Defence of Procreative Beneficence' (*Journal of Medical Ethics*, 2007)

Schacter, Daniel L., Joan Y. Chiao and Jason P. Mitchell, 'The Seven Sins of Memory: Implications for the Self' (*Annals of the New York Academy of Sciences*, 2003)

Schwab, Klaus, *The Fourth Industrial Revolution* (Portfolio Penguin, 2017)

Shrödinger, Erwin, *What Is Life?* Published in 1944, it can be downloaded online and Cambridge University Press published a new edition in 2012.

Smith, David Livingstone, *Less Than Human: Why We Demean, Enslave and Exterminate Others* (Griffin, 2012)

Thacker, Eugene, *Starry Speculative Corpse* (Zero Books, 2015)

Thomas, James and Simon Kirby, 'Self-domestication and the Evolution of Language' (*Biology and Philosophy*, 2018)

Tomasello, Michael and Henrike Moll, 'The Gap Is Social: Human Shared Intentionality and Culture' in Kappeler, Peter M. and Joan B. Silk (eds), *Mind the Gap: Tracing the Origins of Human Universals* (Springer, 2009)

Tooby, John and Leda Cosmides, 'Groups in Mind: The Coalitional Roots of War and Morality' in Høgh-Olesen, Henrik (ed.), *Human morality and Sociality: Evolutionary and Comparative Perspectives* (Palgrave Macmillan,

2009); also Tooby, John, Leda Cosmides and Michael E. Price, 'Cognitive Adaptations for n-person Exchange: The Evolutionary Roots of Organizational Behaviour' (*Managerial and Decision Economics*, 2006)

Trivers, Robert, *Deceit and Self-deception: Fooling Yourself the Better to Fool Others* (Penguin, 2014)

Tybur, Joshua M. et al., 'Parasite Stress and Pathogen Avoidance Relate to Distinct Dimensions of Political Ideology Across 30 Nations' (*PNAS*, 2016)

Vaes, Jeroen and Maria Paola Paladino, 'The Uniquely Human Content of Stereotypes' (*Group Processes & Intergroup Relations*, 2009)

Whiten, Andrew, 'Cultural Evolution in Animals' (*Annual Review of Ecology, Evolution and Systematics*, 2019); see also 'A Second Inheritance System: The Extension of Biology Through Culture' (*Interface Focus*, 2017)

Wolpe, Paul Root, 'Ahead of Our Time: Why Head Transplantation Is Ethically Unsupportable' (*AJOB Neuroscience*, 2017)

For the study involving Sarah Worsley, see Heine, D. et al., 'Chemical Warfare Between Leafcutter Ant Symbionts and a Co-evolved Pathogen' (*Nature Communications*, 2018)

Wrangham, Richard, 'Two Types of Aggression in Human Evolution' (*PNAS*, 2018); also *The Goodness Paradox: How Evolution Made Us More and Less Violent* (Profile Books, 2019)

The Yellowstone study was conducted by Douglas W. Smith, the senior wildlife biologist in Yellowstone National Park. There are good articles online. See Farquhar, Brodie, 'Wolf Reintroduction Changes Ecosystem in Yellowstone Park' on yellowstonepark.com (2019), accessible at www.yellowstonepark.com/things-to-do/wolf-reintroduction-changes-ecosystem

Zanette, Liana Y., Michael Clinchy and Justin P. Suraci, 'Diagnosing Predation Risk Effects on Demography: Can Measuring Physiology Provide the Means?' (*Oecologia*, 2014); also Suraci, Justin P., Michael Clinchy and Liana Zanette, 'Fear of Large Carnivores Causes a Trophic Cascade' (*Nature Communications*, 2016)

致謝

寫書也是人類合作的經典範例，過程建立在信任與慷慨上，為此我十分感激。少了許多同事朋友付出時間與我分享工作成果、提供寶貴意見，這本書就無法問世。書中提到的問題我思索非常久，所以有不少要感謝的對象其實可以追溯到動筆之前。首先謝謝多年來陪我進行大大小小討論的各位：Jelle Atema, Francisco Ayala, Jonathan Balcombe, David Barash, Mary Barsony, Marc Bekoff, Lera Boroditsky, Ed Boyden, Michael Chaffin, George Church, Nicky Clayton, John Dupre, Jon Entine, Andy Gardner, Ann Gauger, Stefan Helmreich, Derek Hodgson, Nicholas Humphrey, Brian Hynek, Chris Impey, Alan Jasanoff, Bruce Jakosky, Natalie Kofler, Maria Kronfeldner, Nour Kteily, Kevin Laland, Joseph LeDoux, Tim Lewens, Rob Lillis, Greg Litus, Rodolfo Llinás, David Liu, Garret Moddel, Pascal Molenberghs, Cristina Moya, Allyson Muotri, Charles Musiba, Jack O'Burns, Thomas Pyszczynski, Tim Robbins, Michael Russell, Sophia

Roosth, Jeff Sebo, Gary Steiner, Ian Tattersall, Herb Terrace, Jeroen Vaes。

接著感謝一些贊助與學術單位：AHRC Centre for the Evolution of CulturalDiversity at University College London, guided by James Steele; the Hannah Arendt Center at Bard College, with the support of Roger Berkowitz; the Durham University Philosophy Department visiting fellowship, enabled by Simon James。最近前往紐約 Hastings Center for Bioethics 有了一趟愉快旅程，特別感謝 Greg Kaebnick 和 Erik Parens 充滿熱情為我打氣。也要感謝 Nuffield Council on Bioethics 的同事們，不僅友善迎接，也針對生物科技給了我很多發想。

有了基本雛型之後，幾位朋友閱讀過初稿，他們的忠告十分受用，分別是：Dave Archard, Andy Greenfield, Eric Olson, Michael Malay, Eileen Crist and Michael Nelson。編輯團隊 Simon Thorogood, Paul Slovak, Nicholas Garrison 讓本書的內容品質再上層樓，校對 Lorraine McCann 十分細心，保住我不少顏面，非常謝謝大家。經紀人 Jessica Woollard 一路提攜，也在此衷心致上謝意。

另外有幾個人對我意義非凡，或許他們自己並不知情。我並非哲學科班出身，數度陷入焦慮，擔心未受正規訓練會遇上大麻煩。英國哲學家 Simon James 和 Helen Steward、美國史學家 Harriet Ritvo 都幫助我對抗心魔，我發自肺腑感激各位。也利用這個機會特別向已故的哲學家 Mary Midgley 致意，多年前我取得與她的聯繫之後，她就支持本書的概念，要我別將學術資歷放在心上。二〇一八年她過世前兩週我還曾去探望，一起喝茶、吃甜點，聊起這世道多麼怪異難解。她真的非常聰明，學識淵博。

特別感激好友 Sam Clayton 與 Jeanne Greco 讓我在外也有家的感覺，他們以美酒佳餚和幽默豐富了我的人生。最後還是要回歸家人，寫作途中一度為了養育兩個兒子 Gabriel 和 Samuel 而停筆，但在家工作的人都明白一件事：腦子是停不下來的。事實上要理解人類，最好的方式就是父母觀察自己的孩子。再次動筆以後則多虧有大家族幫忙，謝謝好姊妹 Tamsyn 時常過來，還有老公 Ewan 容忍我許多清晨獨處書寫，我有你們真是幸運。當然也感謝兩個孩子一直聽我講動物的這個那個，早上還泡茶給我喝。最深的謝意獻給父母，他們的慈愛與鼓勵是我一輩子的動力。

國家圖書館出版品預行編目資料

忘了自己是動物的人類：重思生命起源的歷史與身而為人的意義
梅蘭妮．查林傑 Melanie Challenger 著；陳岳辰 譯
初版. -- 臺北市：商周出版：家庭傳媒城邦分公司發行

2021.01 面； 公分
譯自：How to Be Animal: A New History Of What It Means To Be Human
ISBN 978-986-477-937-6（平裝）

1.發展心理學 2.人類自然史 3.人類發展

173.6 109015940

忘了自己是動物的人類：重思生命起源的歷史與身而為人的意義

原文書名／How to Be Animal: A New History Of What It Means To Be Human
作　　者／梅蘭妮．查林傑 Melanie Challenger
譯　　者／陳岳辰
責任編輯／陳玳妮
版　　權／黃淑敏、劉鎔慈

行銷業務／周丹蘋、黃崇華
總 編 輯／楊如玉
總 經 理／彭之琬
事業群總經理／黃淑貞
發 行 人／何飛鵬
法律顧問／元禾法律事務所 王子文律師
出　　版／商周出版　城邦文化事業股份有限公司
台北市中山區民生東路二段 141 號 4 樓
電話：(02) 25007008　傳眞：(02)25007759
E-mail：bwp.service@cite.com.tw
Blog：http://bwp25007008.pixnet.net/blog
發　　行／英屬蓋曼群島商家庭傳媒股份有限公司城邦分公司
台北市中山區民生東路二段 141 號 2 樓
書虫客服服務專線：(02)25007718；(02)25007719
服務時間：週一至週五上午09:30-12:00；下午13:30-17:00
24 小時傳眞專線：(02)25001990；(02)25001991
劃撥帳號：19863813；戶名：書虫股份有限公司
讀者服務信箱：service@readingclub.com.tw
歡迎光臨城邦讀書花園　網址：www.cite.com.tw
香港發行所／城邦（香港）出版集團有限公司
香港灣仔駱克道 193 號東超商業中心 1 樓
E-mail：hkcite@biznetvigator.com
電話：(852) 25086231　傳眞：(852) 25789337
馬新發行所／城邦（馬新）出版集團【Cite (M) Sdn. Bhd.】
41, Jalan Radin Anum, Bandar Baru Sri Petaling,
57000 Kuala Lumpur, Malaysia.
Tel: (603) 90578822 Fax: (603) 90576622
Email: cite@cite.com.my

封面設計／鄭宇斌
封面圖片／duncan1890／經由Getty Images提供
排　　版／極翔企業有限公司
印　　刷／韋懋實業有限公司
經 銷 商／聯合發行股份有限公司
電話：(02)2917-8022　傳眞：(02)2911-0053
地址：新北市 231 新店區寶橋路 235 巷 6 弄 6 號 2 樓

■ 2021 年 1 月 20 日初版
■ 2023 年 3 月 30 日初版 3.5 刷
定價 420 元

Printed in Taiwan

城邦讀書花園
www.cite.com.tw

 ISBN 978-986-477-937-6

廣　告　回　函
北區郵政管理登記證
北臺字第000791號
郵資已付，免貼郵票

104　台北市民生東路二段141號2樓

英屬蓋曼群島商家庭傳媒股份有限公司城邦分公司　收

請沿虛線對摺，謝謝！

書號：BK7098　　書名：忘了自己是動物的人類　　編碼：

請於此處用膠水黏貼

讀者回函卡

不定期好禮相贈！
立即加入：商周出版
Facebook 粉絲團

感謝您購買我們出版的書籍！請費心填寫此回函卡，我們將不定期寄上城邦集團最新的出版訊息。

姓名：________________________ 性別：☐男 ☐女

生日：西元__________年__________月__________日

地址：____

聯絡電話：________________ 傳真：________________

E-mail ：

學歷：☐ 1. 小學 ☐ 2. 國中 ☐ 3. 高中 ☐ 4. 大學 ☐ 5. 研究所以上

職業：☐ 1. 學生 ☐ 2. 軍公教 ☐ 3. 服務 ☐ 4. 金融 ☐ 5. 製造 ☐ 6. 資訊

☐ 7. 傳播 ☐ 8. 自由業 ☐ 9. 農漁牧 ☐ 10. 家管 ☐ 11. 退休

☐ 12. 其他________________________________

您從何種方式得知本書消息？

☐ 1. 書店 ☐ 2. 網路 ☐ 3. 報紙 ☐ 4. 雜誌 ☐ 5. 廣播 ☐ 6. 電視

☐ 7. 親友推薦 ☐ 8. 其他________________________

您通常以何種方式購書？

☐ 1. 書店 ☐ 2. 網路 ☐ 3. 傳真訂購 ☐ 4. 郵局劃撥 ☐ 5. 其他______

您喜歡閱讀那些類別的書籍？

☐ 1. 財經商業 ☐ 2. 自然科學 ☐ 3. 歷史 ☐ 4. 法律 ☐ 5. 文學

☐ 6. 休閒旅遊 ☐ 7. 小說 ☐ 8. 人物傳記 ☐ 9. 生活、勵志 ☐ 10. 其他

對我們的建議：____

____

____

【為提供訂購、行銷、客戶管理或其他合於營業登記項目或章程所定業務之目的，城邦出版人集團（即英屬蓋曼群島商家庭傳媒（股）公司城邦分公司、城邦文化事業（股）公司），於本集團之營運期間及地區內，將以電郵、傳真、電話、簡訊、郵寄或其他公告方式利用您提供之資料（資料類別：C001、C002、C003、C011 等）。利用對象除本集團外，亦可能包括相關服務的協力機構。如您有依個資法第三條或其他需服務之處，得致電本公司客服中心電話 02-25007718 請求協助。相關資料如為非必要項目，不提供亦不影響您的權益。】

1.C001 辨識個人者：如消費者之姓名、地址、電話、電子郵件等資訊。
2.C002 辨識財務者：如信用卡或轉帳帳戶資訊。
3.C003 政府資料中之辨識者：如身分證字號或護照號碼（外國人）。
4.C011 個人描述：如性別、國籍、出生年月日。

請於此處用膠水黏貼